Das Little Black Book vom

WHISKY

Das kleine Handbuch über das Wasser des Lebens

Arno Gänsmantel

Illustriert von Kerren Barbas

WILEY-VCH

WILEY-VCH Verlag GmbH & Co. KGaA

Bibliografische Information der Deutschen Nationalbibliothek

Die Deutsche Nationalbibliothek verzeichnet diese Publikation in der Deutschen Nationalbibliografie; detaillierte bibliografische Daten sind im Internet über http://dnb.d-nb.de abrufbar.

1. Auflage 2011

Printed in Hong Kong

Gedruckt auf säurefreiem Papier

Satz: Kühn & Weyh, Satz und Medien, Freiburg
Druck und Bindung: Regal Printing Limited, Hong Kong

ISBN: 978-3-527-50636-1

DAS LITTLE BLACK BOOK VOM WHISKY

INHALT

Einführung

Haben Sie in Ihrem Leben schon einmal einen Whisky getrunken? Wenn nicht, sollten Sie unbedingt und auf jeden Fall in nächster Zeit ein Glas des „Wassers des Lebens“ probieren. Denn nichts ist vergleichbar mit dem besonderen Geschmack eines Whiskys. Vorausgesetzt, es ist ein guter.

Ein Sprichwort aus Schottland besagt:

> „Whisky ist schlecht für den Menschen, vor allem schlechter Whisky.“

Damit Sie zu einem kleinen Kenner und Experten werden und guten von schlechtem Whisky unterscheiden können, hilft Ihnen nun das *Little Black Book vom Whisky*.

Aber beginnen wir doch erst einmal mit einer elementaren Frage: der Schreibweise. Heißt es nun …

Whisky oder Whiskey

Ob Whisk(e)y mit oder ohne e geschrieben wird, ist eine Gewissenfrage. Eine eindeutige Antwort darauf gibt es nicht. Nicht einmal für die unterschiedlichen Regionen ist die Schreibweise eindeutig. In der USA und Irland wird Whisky grundsätzlich mit e, in Schottland ohne geschrieben. Aber von diesem Grundsatz gibt es Ausnahmen. So schreibt die Whiskymarke Dickel, obwohl sie in Tennessee USA beheimat ist, auf dem Etikett Whisky ohne e.

Weil es einfacher ist und einheitlich wird, finden Sie in diesem Buch nur die Schreibweise ohne e.

EINE KLEINE GESCHICHTE VOM WHISKY

Der Begriff Whisky leitet sich vom gälischen „uisge beatha" (gesprochen uschkeba) ab. Es ist ein langer und ungeklärter Streit, ob zuerst in Irland oder Schottland Whisky gebrannt wurde. Die erste urkundliche Erwähnung findet sich im Jahr 1494 in schottischen Steuerunterlagen. Der Whisky war ursprünglich die Zweitverwertung der für Tierfutter und als Grundnahrungsmittel nicht benötigen Gerste. Aus diesen „Überresten" wurde der Whisky als wärmendes Getränk für den Winter oder für medizinische Zwecke gebrannt.

Die ersten Unterlagen über eine lizenzierte Brennerei findet man im Jahr 1608 in Nordirland. Den Status der ältesten Brennerei der Welt beanspruchte die nordirische Bushmills Destillerie für sich, die ihren Ursprung durch eben diese Unterlagen von 1608 begründet. Hunderprozentig stimmt das allerdings nicht, denn Bushmills selbst wurde erst viel später im Jahr 1784 gegründet. Deshalb gilt die irische Locke Brennerei in Kilbeggan als die älteste Brennerei. Sie wurde 1757 unter dem Namen Brusna gegründet. Heute dient sie einerseits als Whiskymuseum und als Lager für Whisky von Cooley.

1505 wurde in Edinburgh die Gilde der Chirurgen und Barbiere gegründet. Als Privileg war diesen die Produktion und der Verkauf von Aqua Vitae (Wasser des Lebens) erlaubt. Hierbei ging es vorrangig um den Einsatz von Alkohol in der Medizin.

Der damals produzierte Whisky war damals meist mit Kräutern, Gewürzen und Zucker versetzt. Da die Fasslagerung noch nicht bekannt war, wurden die jungen noch sehr rauen Brände erst durch diese Zusätze trinkbar.

Auch in Schottland wurden im 17. Jahrhundert auf vielen Bauernhöfen insbesondere in den Highlands große Mengen von Whisky gebrannt. Dies erweckte Begehrlichkeiten und 1644 wurde durch das schottische Parlament die Branntweinsteuer eingeführt.

Die Branntweinsteuer wurde in mehreren Schritten erhöht. Durch die hohen Steuersätze gab es viele kleine Schwarzbrenner. Die meisten dieser Schwarzbrenner hatten ihre kleinen Brennereien in sicherer Entfernung von den Städten Glasgow und Edinburgh in den Highlands.

Viele schottische Brennereien geben offiziell als Gründungsjahr 1823 oder kurz danach an.

Der Grund ist eine Steuersenkung von 1823, die viele bisherige Schwarzbrenner zur Anmeldung genutzt haben, um ihre Brennerei zu legalisieren.

Gegen Ende des neunzehnten Jahrhunderts wurde die Grundlage für die großen Whiskymarken gegründet. Viele der damaligen Markennamen sind heute noch von Bedeutung. Damals entstanden die Marken Johnnie Walker, Dewar, Black & White und White Horse.

Im letzten Jahrhundert war für die Brennereien ein ständiges Auf und Ab. Außer in den Kriegsjahren, in denen viele Brennereien geschlossen waren, wurden viele Destillerien in den Jahren 1982 bis 1984 und 1993 und 1994 aufgrund der Rezession in Großbritannien geschlossen.

Nach der Auswanderungswelle nach Amerika wurde auch in der neuen Welt versucht, Whisky zu brennen. Da in Amerika die Gerste schlecht anzubauen war und es auch keinen Torf gab, wurde der Whisky mit Roggen und Weizen gebrannt. Später kam dann der in Amerika einheimische Mais hinzu.

„Prost“ oder was? – Trinksprüche für den Whisky

Sie können natürlich „Prost“ sagen, aber richtig passend zum Whisky wäre es nicht.

So stößt man in Schottland beim Whisky-Trinken mit „Slainte mhath“ (ausgesprochen: slaantsche wa) an. Das bedeutet wörtlich: „Gute Gesundheit“ und entspricht dem deutschen „Zum Wohle“.

> „Four blessings about you: More money. Faster horses. Younger women. Older whiskey.“
> Irischer Trinkspruch

Was ist drin – die Rohstoffe

Whisky darf sich nennen, was aus Wasser und Getreide destilliert wurde.

Alle Whiskys – egal aus welchem Land sie stammen – werden aus folgenden drei Rohstoffen hergestellt:

- Wasser
- Getreide / Mais
- Hefe

Wasser

Ohne Wasser geht es nicht, denn Wasser wird für die Whiskyproduktion für die unterschiedlichen Prozesse benötigt. Es muss deshalb in ausreichender Menge und in guter Qualität vorhanden sein. Für einen Liter Whisky werden ungefähr 1 000 Liter Wasser benötigt. Die größte Menge des Wassers wird zur Kühlung beim Destillieren verbraucht. Dort ist die Kühle des Wassers wichtiger als die Qualität, da das Wasser mit dem Whisky nicht in Berührung kommt.

Der zweite Prozess, für den Wasser verwendet wird, ist die so genannte Maischung. Was das ist, werden Sie später in diesem Buch lesen können. Ähnlich wie beim Bierbrauen ist dabei die Qualität des Wassers von entscheidender Bedeutung. Die Qualität des Wassers wird bestimmt durch die darin enthaltenen Mineralien, die Härte und biologische Sauberkeit. Jede Brennerei verwendet ihr eigenes Wasser aus meist nahe gelegenen Quellen. Die Wasserqualität und die verfügbare Menge sind deshalb bei der Auswahl des Brennereistandortes entscheidend.

Falls der Whisky vor der Abfüllung verdünnt wird, wird hierzu ebenfalls Wasser mit hoher Qualität benötigt. Leider erfolgt die Abfüllung immer mehr an zentralen Abfüllstationen für mehrere Brennereien, so dass oft kein Wasser aus der näheren Umgebung der Brennerei für die Verdünnung verwendet wird. In manchen Fällen, zum Beispiel bei einigen Whiskys von den schottischen Inseln, wird der Whisky auf dem schottischen Festland abgefüllt und mit dem dort vorhandenen Wasser verdünnt. Für Angaben zur Region auf dem Etikett der Flaschen ist leider keine Abfüllung in der Region vorgeschrieben.

GETREIDE / MAIS

Grundstoff für alle Whiskys ist Getreide. Je nach Region und Whiskyart werden Weizen, Roggen, Gerste und Mais auch als Mischung verwendet. Je nach Art des Whiskys wird entweder gemälztes oder ungemälztes Getreide verwendet.

HEFE

Die Hefe ist biologisch ein Pilz und für die alkoholische Vergärung zuständig. Bei der alkoholischen Vergärung wird der gelöste Zucker von der Hefe in Alkohol und Kohlendioxid umgewandelt. Je nach der Hefesorte entstehen bei der Vergärung unterschiedliche Aromen. Deshalb hat jede Brennerei eine eigene Zuchtselektion ihrer Hefe. Immer mehr werden in letzter Zeit Trockenhefen – wie wir sie auch vom Backen kennen – eingesetzt. Die Hefe wird zum Beginn der Vergärung zur Zuckerlösung in den Gärbottich gegeben.

Der Herstellungsprozess: Wie entsteht das „Wasser des Lebens“

Von den einzelnen Rohstoffen bis zum fertigen edlen Getränk ist es ein weiter Weg. Verschiedene Tätigkeiten müssen dabei ausgeführt werden. Im Folgenden erfahren Sie, was es alles an Anstrengung braucht, um am Schluss eine unserer beliebtesten Spirituosen zu erhalten.

Mälzen

Das Mälzen der Gerste ist Voraussetzung für die Produktion von Malzwhisky (Malt Whisky). Im Getreide sind die Kohlenhydrate zu langen Ketten verbunden. In dieser Form ist der Zucker kaum im Wasser löslich. Wenn die Gerste keimt, werden diese Ketten durch Enzyme gespalten und es entsteht Malzzucker (Maltose). Damit die Gerste keimen kann, wird sie anfangs für 48 bis 72 Stunden in Wasser eingeweicht. Der Feuchtigkeitsgehalt steigt dadurch auf ungefähr 40 Prozent an. Nach dem Einweichen wird die Gerste auf dem Malzboden (englisch „malting floor“) in einer Höhe von 30 bis 50 Zentimetern verteilt. Während der Keimung muss die Gerste alle vier Stunden mit einer breiten Schaufel gewendet werden. Dieses Umschichten ist notwendig, um die durch die Keimung entstehende Wärme zu verteilen, damit keine Brände entstehen. Die gekeimte Gerste wird Grünmalz genannt, die folgende Trocknung des

Grünmalzes nennt man Darren. Durch die Darrung wird die Keimung des Malzes gestoppt. Die Trocknung erfolgt traditionell in dem so genannten Kiln.

Traditionell wird dafür der Rauch eines Dorffeuers in das Malz geleitet und es dadurch getrocknet. Je nach Brennstoff und Art des Torfes entstehen mehr oder weniger rauchige Aromen. Je mehr Torf als Brennstoff verwendet wird, desto kräftiger das Raucharoma. Verantwortlich dafür ist das so genannte Phenol. Der Anteil des Phenols wird in ppm (parts per million) angegeben.

Nur noch wenige Destillerien produzieren ihr Malz selbst. Die meisten haben ihre Malzböden und Kilns stillgelegt und kaufen ihr Malz bei spezialisierten Mälzereien. Die bekannteste Mälzerei ist in Port Ellen auf der schottischen Insel Islay.

Bei Springbank in der schottischen, whiskyproduzierenden Region Campbeltown werden noch 100 Prozent des Malzes selbst erzeugt. Andere wie zum Beispiel Bowmore und Laphroaig auf Islay oder Highland Park auf Orkney produzieren einen Teil ihres Malzes selbst.

Maischen

Nach dem Darren wird das Malz grob zu Schrot gemahlen. Dieses Schrot wird „grist" genannt. Der Malzschrot wird im Maischbottich (mash tun) mit 60 bis 70 Grad Celsius heißem Wasser vermischt. Durch die Wärme löst sich der Zucker im Wasser. Dieser Vorgang wird bis zu dreimal wiederholt, bis möglichst viel Zucker aus dem grist gelöst ist. Die dabei entstehende Zuckerlösung wird als „wort" bezeichnet.

Die Maischbottiche haben eine durchschnittliche Größe von 50 000 Liter. Viele Brennereien haben parallel mehrere Maischbottiche im Einsatz.

Vergärung

Die „wort" muss erst auf ungefähr 20 Grad. abkühlen und wird dann in den Gärbottich („wash back") gepumpt. Die Hefe wird zugegeben und die Vergärung beginnt. Die Hefe verarbeitet den Zucker zu Alkohol und Kohlendioxid. Kohlendioxid ist farb- und geruchlos. Die wash backs waren früher meist aus dem Holz der Oregon Pinie. Heute werden oft auch Gärtanks aus rostfreiem Edelstahl verwendet. Edelstahl ist glatt und lässt sich leicht reinigen. Die Gärtanks sind mehrere Meter hoch und haben ein Fassungsvermögen bis zu 55 000 Litern. Ebenso wie bei den mash tuns haben viele Brennereien mehrere wash backs parallel im Einsatz. Die Vergärung dauert zwischen 36 und 72 Stunden. Die dabei entstehende Flüssigkeit hat einen Alkoholgehalt von acht bis zehn Prozent Alkohol und wird in Schottland „wash“ genannt. Die Amerikaner nennen diese leicht alkoholische Flüssigkeit „beer“. Sie hat mit Bier aber nichts zu tun, denn im Gegensatz zu Bier wird bei der Whiskyproduktion kein Hopfen verwendet.

DESTILLATION

Für schottische Malt Whiskys ist das Destillieren in Brennblasen („pot stills“) vorgeschrieben. Für Malt Whisky muss der Brennvorgang mindestens zweimal wiederholt werden. Alle Single Malt

Destillerien in Schottland haben mindestens ein Paar von zwei hintereinander geschalteten Brennblasen. Viele der großen Brennereien haben mehrere hintereinander geschaltete Paare. Bei der großen Brennerei Glenfiddich sind zum Beispiel achtundzwanzig, bei Macallan und Tomatin ebenfalls jeweils über zwanzig Brennblasen installiert. Alle Brennblasen bestehen aus Kupfer und werden direkt mit Feuer unter der Brennblase oder indirekt mit heißem Dampf erhitzt.

Die meisten Brennereien haben die ehemals direkte durch die indirekte Befeuerung ersetzt. Bei der indirekten Befeuerung wird Dampf erzeugt und dieser erhitzt die Brennblase. Bei direkter Befeuerung wird die Brennblase durch ein Feuer direkt von unten beheizt. Durch das Feuer ist die Wärmeverteilung am Boden konzentrierter und die Hitze wird nicht gleichmäßig über die Brennblase verteilt. So besteht die Gefahr, dass durch die starke Hitze am Boden feste Bestandteile der Maische, die nach unten sinken, verbacken und anbrennen. Deshalb ist in Brennblasen mit direkter Befeuerung am Boden eine Art Propeller angebracht, der dieses Anbrennen verhindern soll. Die teilweise stärkere Erhitzung sorgt aber auch für zusätzliche kräftige Noten durch die entstehenden Röstaromen. Dadurch sind diese Whiskys komplexer als solche aus Brennblasen mit indirekter Befeuerung.

Auch die Form der Brennblasen ist mitentscheidend für den Geschmack des späteren Whiskys. Je niedriger und gedrungener die Form umso kräftiger und intensiver wird er. Hohe Brennblasen mit langem Schwanenhals produzieren einen in der Struktur eher leichten Whisky. Das Spektrum der Größe reicht von 1 200 Liter bei der kleinsten Whiskybrennerei Edradour und fast 30 000 Liter bei Glenmorangie (beide in Schottland). Die erste Brennblase („wash still") ist immer größer als die Zweite („spirit still"). Da das Kupferblech durch die Destillation immer dünner wird, muss die Brennblase nach spätestens 25 Jahren ersetzt werden. Damit der Stil des Whiskys nicht verändert wird, legt man viel Wert darauf, dass die Form bei neuen oder zusätzlichen Brennblasen nicht verändert wird.

Alkohol verdunstet früher als Wasser. Deshalb steigt der Alkohol eher als das Wasser in der Brennblase nach oben in den Schwanenhals und wird danach im Kondensator abgekühlt und dadurch wieder flüssig.

Die Flüssigkeit hat nach dem ersten Brennvorgang einen Alkoholgehalt zwischen 20 und 25 Prozent und wird „low wine“ genannt. Der low wine wird dann in die zweite Brennblase („spirit still“) geleitet und nochmals gebrannt.

Der erste Teil aus der spirit still ist der so genannte Vorlauf. Dieser Vorlauf besteht hauptsächlich aus Methylalkohol, der für den menschlichen Genuss nicht geeignet ist, da er blind macht. Der Mittellauf („middle cut“ oder „heart of the run“) enthält einen Alkoholgehalt von 60 bis 70 Prozent Alkohol. Der middle cut wird aufgefangen und im „spirit receiver“ gesammelt. Der Nachlauf, der aus gesundheitsschädlichen schweren Alkoholen und Fuselölen besteht, muss dann wieder abgetrennt werden und darf nicht verwendet werden. Die nach dem Brennvorgang entstehende Spirituose ist farblos, darf sich wegen der fehlenden Lagerung nicht Whisky nennen und wird als „new spirit“ bezeichnet.

Neben dieser diskontinuierlichen Destillation mit den pot stills gibt es noch die kontinuierliche. Dieses Verfahren wird Patent-Still-Verfahren, auch Continous-, Column-Still- oder Coffey-Still-Verfahren genannt. Dieses Brennverfahren wird für die Produktion der großen Mengen verwendet. Durch das kontinuierliche Verfahren und die Nutzung von ungemälztem Getreide können große Mengen Whisky günstig produziert werden.

Das Verfahren wurde von Aeneas Coffey um 1820 erfunden und patentiert. Der new spirit aus diesen Coffey-Stills hat einen Alkoholgrad von 95 Prozent und ist beinahe geschmacksneutral.

REIFUNG

Der klare und farblose new spirit wird auf circa 63,5 Prozent Alkohol verdünnt und in Fässer aus Eichenholz gefüllt. In der europäischen Gemeinschaft ist die Reifung in Eichenfässern für mindestens drei Jahre vorgeschrieben. Erst nach dieser Lagerzeit darf sich das Destillat Whisky nennen, vorher ist es nur new spirit. Somit sind alle europäischen Whiskys, auch wenn sie keine Altersangabe auf dem Etikett haben, mindestens drei Jahre im Fass gelagert.

Die optimale Reifezeit ist abhängig von mehreren Faktoren:

Die Geschwindigkeit der Reifung ist stark abhängig von der Größe der Fässer. Je größer das Fassungsvermögen, umso langsamer die Reifung, da das Verhältnis von Oberfläche (Holz) zu Inhalt (Destillat) mit Zunahme der Größe des Fasses immer schlechter wird.

Das Klima am Lagerplatz ist ebenfalls entscheidend für die Reifung des Whiskys. Da bei höheren Temperaturen chemische Prozesse schneller ablaufen, reifen die Whiskys an wärmeren Orten schneller als bei kühleren Temperaturen. Aus diesem Grund reift schottischer Lowland- schneller als Highland-Whisky. Noch schneller reifen die amerikanischen Bourbons.

Während der langen Lagerzeit reagiert der Whisky nicht nur mit dem Fass, sondern verdunstet auch durch dessen Wand. Wie stark die Verdunstung ist, hängt von der Temperatur ab. Normalerweise verdunstet mehr Alkohol als Wasser, deshalb sinkt der Alkohollevel im Fass mit der Dauer der Lagerung. In Lagerstätten, in denen eine trockene Luft mit wenig Luftfeuchtigkeit herrscht, kann der Anteil des verdunsteten Wassers höher sein als der des Alkohols. Dann steigt sogar der Alkoholspiegel im Fass minimal. Dies ist in einigen Regionen der USA möglich.

Der verdunstende Anteil wird schon fast poetisch als Angels Share oder Part of the Angels, der Anteil der Engel, bezeichnet. Dieser Anteil macht in Schottland bis zu zwei Prozent des Inhalts der Fässer pro Jahr aus. Man geht in Schottland von einer jährlich verdunsteten Gesamtmenge von 120 Millionen Flaschen im Jahr aus.

So gut wie nie werden in Schottland neue Fässer zur Reifung verwendet. Traditionell wurden früher überwiegend Fässer benutzt, in denen vorher Sherry gelagert wurde. In Großbritannien wurde früher viel Sherry konsumiert und der Transport erfolgte nicht in Flaschen, sondern in Fässern. Da die Fässer dann schon vor Ort zur Verfügung standen, wurden diese zur Lagerung von Whisky verwendet – insbesondere da auch das Ergebnis überzeugte.

In den letzten Jahrzehnten standen nicht mehr ausreichend Sherryfässer zur Verfügung und die schottischen Whiskyproduzenten mussten einen Ersatz für diese finden. Dabei kommt den Schotten die amerikanische Vorschrift zugute, dass amerikanische Bourbons immer in neuen Fässern gelagert werden müssen. Der Auslöser dieser Vorschrift ist die gute Lobbyarbeit der amerikanischen Holzindustrie. Die Fässer für Bourbon haben ein Fassungsvermögen von circa 200 Litern. Nachdem die Fässer einmal mit Bourbon befüllt waren, sind sie für die amerikanische Whiskyindustrie wertlos geworden.

Die Fässer werden zerlegt, damit sie beim Transport weniger Platz benötigen. In Schottland werden die Fässer aufbereitet und zusammengebaut. Entweder wieder zu 200 Liter Bourbon Barrels oder durch das Hinzufügen von Dauben zu so genannten Hogsheads mit 250 Litern Inhalt. Heute besteht der größte Teil der in Schottland benutzten Fässer aus ehemaligen Bourbonfässern. Die Fässer werden bis zu dreimal mit schottischem Whiskys befüllt. Die Füllungen werden deshalb „first fill“, „second fill“ oder „3rd fill“ genannt. Unter „Refill Fässern“ versteht man eine Zweit- oder Drittbelegung. Je öfter das Fass befüllt wird, umso geringer die Aromatisierung des Whiskys.

Neben Sherry- und Ex-Bourbonfässern werden manchmal auch Portfässer mit einem Fassungsvermögen von 600 Litern verwendet.

Damit die Whiskys komplexer und vielschichtiger werden, gibt man sie am Schluss nochmals kurz, oft nur für zwei bis drei Monate, in ein weiteres Fass. Für dieses Finish genannte Verfahren werden dann sämtliche denkbaren Fässer aus Eichenholz verwendet. Oft kommen dafür ehemalige Rum-, Cognac- oder Weinfässer zum Einsatz. Dieses Verfahren soll dem Whisky weitere zusätzliche Aromen geben und das Destillat komplexer im Geschmack machen.

Bei neuen oder wiedereröffneten Brennereien werden für einen schnellen Return on Invest oft so genannte Quarter Casks verwendet. Diese sind mit 50 Litern Inhalt extrem klein und die Whiskys sind nach drei bis vier Jahren Reifung abfüllbereit.

Die wichtigsten Fasstypen:

- Butt (benutztes Sherry-Fass): Inhalt circa 500 Liter
- Hogshead: Inhalt circa 250 Liter
- Bourbon Barrel: Inhalt circa 200 Liter
- Pipe (Portwein): Inhalt circa 500 bis 600 Liter
- Quarter: Inhalt circa 50 bis 60 Liter

Ein Teil der Aromen, die die Fässer abgeben, entstehen durch das kräftige Ausbrennen der neuen Fässer. Durch dieses Ausbrennen entwickeln sich die Vanille-, Röst- und Toastnoten. Außerdem karamellisieren die Zucker im Holz und dadurch entstehen die charakteristischen Karamellaromen, die insbesondere die Bourbons auszeichnen. Die Karamellnoten sind deshalb in Bourbons so ausgeprägt, da neue Fässer vorgeschrieben sind. Die unbenutzten stark ausgebrannten Fässer geben bei dieser Erstnutzung viel Farbe und die kräftigen Röstaromen wie Karamell und Vanille an den Whisky ab.

Die Farbe ist ebenfalls abhängig vom verwendeten Fass. Sherryfässer färben das Destillat viel kräftiger als ehemalige Bourbonfässer. Weiterhin nimmt die Farbabgabe mit jeder Benutzung ab. Somit färbt ein first fill stärker als ein refill cask.

Dennoch sind Whiskys aus einem first fill Bourbonfass manchmal trotz einer Lagerung von über 15 Jahren nicht dunkler als Weißwein. Die Farbe allein gibt deshalb keine abschließende Information über die Lagerzeit, diese muss immer im Kontext des benutzten Fasses gesehen werden.

Die Altersangaben auf dem Etikett beziehen sich nur auf die Dauer der Lagerung in den Fässern. Da in der Flasche keine weitere Reifung erfolgt, zählen diese Zeiten nicht dazu.

„Friendship is like whisky, the older the better."
Unbekannter Autor

Eventuelle Verdünnung und Abfüllung

Bei der Abfüllung wird der Whisky oft auf die Trinkstärke von 40 oder 43 Prozent verdünnt. Da alkoholische Flüssigkeiten bei unter 46 Prozent die Fähigkeit verlieren Fette zu lösen, werden diese kühlfiltriert („chill filtered"). Ansonsten könnten sich bei diesen Flaschen die Öle abtrennen und den Whisky trüben. Trüben Whisky würden viele Konsumenten als fehlerhaft betrachten. Bei der Kühlfiltrierung wird der Whisky stark gekühlt und die getrennten Öle durch Filter herausgetrennt. Dadurch bleiben auch Whiskys in Trinkstärke klar. Da diese Öle aber auch Geschmacksträger sind, wird ein Teil der Aromen entzogen. Deswegen werden verstärkt Whiskys mit mindestens 46 Prozent Alkohol und nicht kühlfiltriert abgefüllt.

Außerdem werden viele Whiskys vor der Abfüllung mit Zuckerkulör gefärbt. Zuckerkulör wird aus Zucker hergestellt und ist geschmacksneutral. Viele Verbraucher leiten fälschlicherweise aus einer dunklen Färbung eine lange Lagerzeit ab. Durch die Färbung mit Zuckerkulör kann der Eindruck erzeugt werden, dass es sich um einen alten Whisky handelt. Das steigert den Verkauf. Aber keine Angst vor Täuschung: Die Färbung mit Zuckerkulör muss in Deutschland etikettiert werden. Umgekehrt vermerken viele Hersteller und Abfüller auf dem Etikett, wenn ohne Farbstoff abgefüllt wurde.

Bourbon Whiskys dürfen laut Gesetz nicht gefärbt werden. Trotzdem haben Bourbons oft eine dunkle Farbe, die durch die neuen, stark ausgebrannten Fässer bewirkt wird.

Kleiner Exkurs: Grain Whisky

Grain Whisky ist industriell hergestellter Whisky. Dieser muss so günstig wie möglich produziert werden. Deshalb ist seine Herstellung anders als bei den traditionell gebrannten Whiskys. So wird hier mit einem großen Anteil ungemälzten Getreides gearbeitet. Der aktuelle Marktpreis entscheidet, welches Getreide verwendet wird. Aus Kostengründen wird Grain Whisky im Coffey-Still-Verfahren destilliert.

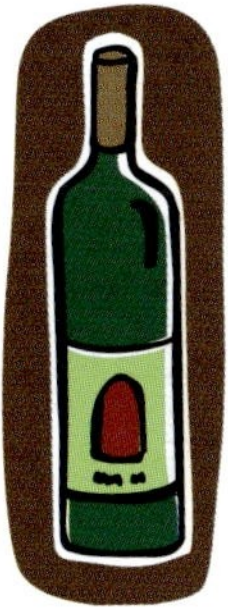

Originalabfüllung versus unabhängige Abfüllung

An dieser Stelle ist es sinnvoll, noch ein paar Sätze über den Unterschied zwischen Original- und unabhängiger Abfüllung zu verlieren.

Die unabhängigen Abfüller sind dafür verantwortlich, dass heute Single Malt so bekannt ist. Nach dem zweiten Weltkrieg wurde fast der gesamte Malt verwendet, um Blends zu verschneiden. Die Brennereien hatten damals kein Interesse daran, Single Malts abzufüllen und für diese Marketing zu betreiben. Zu dieser Zeit glaubten sogar die wenigsten, dass es einen Markt für stark getorfte Single Malts gibt. Niemand konnte sich vorstellen, dass die rauchigen Whiskys pur zu genießen sind, und sich dafür eine große Nachfrage entwickeln könnte. Diese Lücke schlossen damals die unabhängigen Abfüller. Erst später entdeckten die Destillerien darin einen Markt, selbst Single Malts abzufüllen, damit eine Marke aufzubauen und Erträge zu generieren. Als Glenfiddich (Schottland) als erste große Brennerei beschloss, auf dem Single-Malt-Markt aktiv zu werden, wurde dies in der Branche noch belächelt.

Unabhängige Abfüller sind Firmen, die nicht selbst Whisky produzieren, sondern Fässer kaufen und diese unter eigenem Namen abfüllen. Viele dieser Abfüllungen werden als Single Malts abgefüllt, oft sogar als Single Casks. Neben den Angaben über den unabhängigen Abfüller ist oft auch die Destillerie, die den Whisky gebrannt hat, auf dem Etikett aufgeführt. Bei Single-Cask-Abfüllungen ist meist nicht nur die Destillerie, sondern oft auch das genaue Destillations-, das Abfülldatum, der Fasstyp und die Fassnummer angegeben.

Einige unabhängige Abfüller unterhalten ein eigenes Lager, in denen sie ihre Fässer selbst lagern. Andere kaufen die Fässer in abfüllfähigem Zustand und lagern diese nicht selbst, sondern lassen sie nur abfüllen.

Heute unterscheidet man zwischen Originalabfüllungen (OA), das sind Abfüllungen, die von der Destillerie selbst abgefüllt werden, und den unabhängigen Abfüllungen.

Empfehlenswerte unabhängige Abfüller

- Signatory:

Obwohl die schottische Firma Signatory erst 1988 gegründet wurde, gehört sie heute zu den drei großen unabhängigen Abfüllern. Signatory ist durch den Kauf von Edradour zum Destilleriebesitzer geworden. Die Fasslagerung von Edradour wurde danach in die Lagerhallen von Signatory verlagert. Ebenso wird die Abfüllanlage von Edradour für Signatory mitbenutzt. Meist füllt Signatory Einzelfässer entweder verdünnt oder auch in Cask Strength ab. Die Cask Strength werden in einer Flasche, die einer Blumenvase ähnelt, unter der Bezeichnung *Cask Strength Collection* abgefüllt. Die Serie *Vintage* wird auf 40 oder 43 Volumenprozent verdünnt, während die *Unchillfiltered Collection* mit 46 Prozent und ohne Kühlfiltrierung abgefüllt wird.

- Gordon & MacPhail:

G & M (Gordon & MacPhail) gehört zu den bedeutenden unabhängigen Abfüllern. Die Firma wurde schon 1895 gegründet und es wird noch heute ein Ladengeschäft in Elgin, das zur Speyside (eine Region entlang des Flusses Spey in

Schottland) gehört, betrieben. Heute ist man nicht mehr nur unabhängiger Abfüller, sondern auch Besitzer der Destillerie Benromach und füllt auch als Originalabfüller Whisky der Brennerei ab. G & M hat einen großen Bestand an sehr alten Fässern und kann deshalb Abfüllungen von sehr lang gereiftem Whisky anbieten.

- A.D. Rattray:

A.D. Rattray ist ein schottischer unabhängiger Abfüller mit Traditionsbewusstsein und ausgeprägtem Sinn für höchste Qualität. In der „Cask Collection“ erscheinen ausgesuchte Single Cask Bottlings in Fassstärke, ohne Kühlfiltrierung und Zusatz von Farbstoff. Die Abfüllungen haben in der Regel ein sehr gutes Preis/Leistungsverhältnis.

- C&S:

C&S ist ein Abfüller mit Sitz in Deutschland, der drei bis viermal im Jahr unterschiedliche, meist Single-Cask-Abfüllungen vermarktet. Alle Flaschen von C&S sind grundsätzlich ohne Farbstoff und ohne Kühlfiltrierung.

Whiskys aus aller Welt

Whiskys kommen nicht nur aus Schottland, sondern mittlerweile aus aller Herren Länder. Gehen Sie nun auf eine Reise zu allen wichtigen Orten der Whisky-Produktion und lernen Sie deren Erzeugnisse etwas genauer kennen. Vielleicht weckt dies Ihre

Neugier, einen für Sie neuen Whisky bei nächster Gelegenheit auszuprobieren, oder Sie finden auf den nächsten Seiten sogar Ihre persönliche Lieblingssorte.

Den Anfang machen die schottischen Whiskys!

Schottischer Whisky

Um sich Scotch Whisky nennen zu können, müssen folgende Anforderungen erfüllt sein:

a) Der Whisky muss in einer schottischen Destillerie hergestellt (gemaischt, vergoren und gebrannt) worden sein. Dazu gehört auch die Verarbeitung des Malzes in der Destillerie.

b) Der Alkoholgehalt des Destillates darf nach dem Brand nicht mehr als 94,8 Volumenprozent haben.

c) Der Whisky muss drei Jahre in Eichenfässern in Schottland reifen.
d) Scotch Whiskys dürfen abgesehen von Wasser und Zuckerkulör keine weiteren Substanzen zugesetzt werden.
e) Der in Flaschen abgefüllte Whisky muss mindestens 40 Volumenprozent Alkohol besitzen.
f) Seit 2010 gilt: Die Abfüllung in Flaschen muss in Schottland durchgeführt werden.

Schottische Whiskytypen

- Single Malt

Malt ist Whisky aus 100 Prozent gemälzter Gerste und zweifach in pot stills gebrannt. Der Zusatz Single bedeutet, dass der Whisky in einer Brennerei hergestellt wurde. Dabei können auch verschiedene Fässer mit Whiskys unterschiedlichen Alters oder unterschiedlicher Fasstypen miteinander verschnitten werden. Alle Anteile müssen nur Malt Whisky sein und aus einer Brennerei stammen, dann darf er sich Single Malt nennen.

Die Bezeichnung Single Malt ist – entgegen der landläufigen Meinung – für sich allein kein Qualitätskriterium.

- Single Cask

Single-Cask-Abfüllungen sind – wie es der Name schon sagt – Einzelfassabfüllungen.

Das bedeutet, dass die gesamte Abfüllung nur aus dem Inhalt eines Fasses besteht. Dadurch sind diese Abfüllungen je nach Fassgröße auf wenige hundert Flaschen limitiert. Single-Cask-Abfüllungen sind nicht zwangsläufig qualitativ besser als verschnittene Abfüllungen. Auf dem Markt gibt es die komplette Bandbreite von absolut erstklassigem Single Cask bis hin zu eher schwächeren Abfüllungen.

Single-Cask-Abfüllungen gibt es nicht nur bei Single Malts. Aber Single Malts machen den Großteil der Single Casks aus.

Die meisten Single Casks werden von den unabhängigen Abfüllern vermarktet.

- Cask Strength

Cask Strength Whiskys werden in Fassstärke ohne vorherige Verdünnung abgefüllt. Der Alkoholanteil beträgt je nach Alter und Verdunstung zwischen mindestens 40 bis maximal 63 Prozent. Manchmal werden Einzelfassabfüllungen in Fassstärke abgefüllt. Diese Whiskys sind dann Single Casks in Cask Strength.

Der Preis für Cask-Strength-Abfüllungen ist höher als für auf Trinkstärke verdünnte Whiskys. Der Grund für den höheren Preis liegt in der geringeren Flaschenzahl und der höheren Alkoholsteuer durch den größeren Alkoholanteil.

Blended Malts

Blended Malts sind im Gegensatz zu den Single Malts aus Malt Whiskys verschiedener Brennereien verschnitten. Bei älteren Abfüllungen wurden statt Blended Malt die Begriffe Pure Malt oder Vatted Malt verwendet. Dafür reichen schon kleine Mengen Whisky einer anderen Destillerie aus.

Manche Brennereien möchten vermeiden, dass unabhängige Abfüller ihren Brennereinamen verwenden. Deshalb werden dort Fässer mit einem „spoonful“ (ein Löffel voll) eines Whiskys einer anderen Destillerie verschnitten und sind somit kein Single Malt mehr.

Die Nennung eines Brennereinamens auf dem Etikett ist bei Blended Malt nicht erlaubt.

Der Begriff Blended Malt bietet leider die Gefahr der Verwechslung mit Blended Whisky. Deshalb waren zu einer besseren Unterscheidung die früheren Begriffe Pure Malt oder Vatted Malt besser geeignet.

Grain Whisky

Grain Whisky ist meistens aus einem großen Anteil ungemälztem Getreide und industriell in Coffey-Still gebrannt. Da diese Whiskys so günstig wie möglich produziert werden sollen, ist der aktuelle Marktpreis entscheidend dafür, welches Getreide verwendet wird. In den letzten Jahren gibt es eine kleine, aber steigende Nachfrage für alte Grain Whiskys. Diese Grain Whiskys sind günstiger als Malt Whisky mit gleichem Alter. Durch die lange Reifung von meist über 20 Jahren, sind oft komplexe und interessante Whiskys entstanden.

Grain Whisky ist die Basis für Blended Whisky.

Blended Whisky

Blended Whisky ist ein Verschnitt aus Grain mit Malt Whisky. Kurz werden diese Whiskys auch Blends genannt.

Der Anteil der Blended Whiskys am Whisky Markt beträgt über 90 Prozent und stellt damit den Hauptanteil der verkauften Whiskys dar. Je höher der Maltanteil im Verschnitt, umso höher im Allgemeinen die Qualität. Bei einfachen Blended Whiskys ist der Maltanteil zwischen 25 und 30 Prozent. Bei hochwertigen Blends kann der Maltanteil bis zu 80 oder 90 Prozent betragen.

Viele der bekannten überall erhältlichen Whiskys, z.B. Johnnie Walker, Black & White, sind Blended Whiskys.

Man gerät leicht in Gefahr Blended Whisky generell qualitativ abzuwerten. Blended Whisky gibt es in allen Qualitätsstufen. Obwohl die meisten Blends einfacher Qualität sind, gibt es auch hervorragende meist alte und auch sehr alte Blended Whiskys von herausragender Qualität.

Empfehlenswerte Blended Whiskys:

- Famous Grouse
- Cutty Sark
- Black Bottle
- Dewar

Whiskyregionen in Schottland

Lowlands

Die Lowlands sind nördlich der englischen Grenze und südlich einer gedachten Linie von Grennock im Westen und Dundee im Osten. Von den früher zahlreichen Maltbrennereien produzieren leider heute nur noch drei.

Die Lowlands sind im Moment nicht im Fokus der meisten Liebhaber, da sie eher ungetorft und die Struktur eher leicht ist.

Neben den drei Malt Brennereien gibt es in den Lowlands die größten Grain-Whisky-Produzenten.

- Auchentoshan:

Die Brennerei Auchentoshan liegt westlich von Glasgow und ist die einzige Destillerie in Schottland, die alles dreimal brennt. Dadurch sind die Whiskys von Auchentoshan leicht im Körper mit frischen Aromen von Zitrusfrüchten und gelten als ideale Whiskys für Einsteiger.

• Glenkinchie:

Glenkinchie liegt westlich von Edinburgh und ist von dort auch mit öffentlichem Busverkehr zu erreichen. Einige Tagesbustouren haben den Besuch der Brennerei ebenfalls als Programmpunkt aufgenommen. Glenkinchie ist die einzige produzierende Lowland-Brennerei im Besitz des Spirituosenkonzerns Diageo. Der Whisky selbst ist wenig rauchig, leicht und mit süßlichen Aromen.

• Bladnoch:

Die südlichste Brennerei Schottlands. 1992 betrug die produzierte Menge an Whisky 1,3 Millionen Liter. Ein Jahr später beschloss der Besitzer Diageo die Brennerei aufgrund der damaligen Überproduktion zu schließen und einzumotten. Die Brennerei wurde 1994 an Raymond Armstrong verkauft. Laut Kaufvertrag durfte in der Brennerei kein Whisky mehr produziert werden. Der Plan war die Brennerei in Luxuswohnungen umzubauen. Dieser Plan konnte auf Grund der Wirtschaftskrise in Großbritannien nicht umgesetzt werden. Mit Hilfe der kommunalen Lobby gelang es Armstrong im Jahr 2000 von Diageo die Erlaubnis zu erhalten 100 000 Liter Whisky jährlich zu erzeugen. Es werden sowohl Whiskys aus der Zeit vor der Schließung als auch junge Whiskys, abgefüllt nach der Wiedereröffnung, angeboten.

- Geschlossene Brennereien:

Zusätzlich werden auch Whisky von heute geschlossenen Brennereien wie Rosebank und St. Magdalene angeboten. Diese geschlossenen Brennereien werden Lost Distilleries genannt und deren Whiskys sind meist teurer als vergleichbare aus noch produzierenden Brennereien, da kein Nachschub möglich ist.

CAMPBELTOWN

Die Region besteht aus der Halbinsel Kintyre im Südwesten Schottlands und ist nach der Stadt Campbeltown benannt. Dieses Gebiet war im 19. Jahrhundert eine bedeutende Whiskyregion. Allein in der Stadt Campbeltown gab es über 30 Brennereien. Im 20. Jahrhundert setzte aber ein Brennereisterben ein und viele mussten nach und nach schließen. Die Gründe sind vielfältig, aber besonders gravierend waren die amerikanische Prohibition und der damit verbundene Absatzverlust in Amerika und das Ausgehen der

Torfbestände. Heute sind noch drei Destillerien mehr oder weniger aktiv.

- Springbank:

Springbank ist das Aushängeschild der Region Campbeltown. Auch heute noch sieht die Brennerei eher einem Museum als einer aktiven Destillerie ähnlich. Die Zeit scheint bei Springbank stehen geblieben. Diese immer noch konzernunabhängige, im Familienbesitz befindliche Brennerei erledigt als einzige in Schottland noch alle Arbeitsschritte einschließlich Mälzen selbst. Zwar mälzen noch einige wenige andere Brennereien selbst, aber immer nur Anteile und nicht wie Springbank den ganzen Bedarf an Malz. Der Ausstoß ist mit 750 000 Litern eher als klein anzusehen. Trotzdem werden bei Springbank drei unterschiedliche Whiskys produziert. Der Unterschied liegt am Torfgehalt des Malzes. Der Hazelburn wird aus nicht getorftem Malz hergestellt. Im Gegensatz hierzu ist der Longrow aus heftig getorftem Malz hergestellt und der nach der Brennerei benannte Springbank liegt in der Mitte mit einem spürbaren Rauch- und Torfgeschmack. Eine weitere Besonderheit weist der Brennvorgang beim Hazelburn und Springbank auf, während der Longrow ganz normal zweimal gebrannt wird. Beim Hazelburn und Springbank wird ein dritter Brennlauf durchgeführt, bei dem ein großer Teil der „feints“ (Nachlauf) mit Anteilen an low wine aus dem ersten Brenngang vermischt werden. Man spricht deshalb von einer zweieinhalbfachen Destillation.

Alle Abfüllungen der Brennerei sind ungefärbt und nicht kühlfiltriert und weisen einen Alkoholgehalt von mindestens 46 Volumenprozent auf. Alle diese Besonderheiten, einschließlich der überaus handwerklichen Produktion, sind verantwortlich, dass Springbank eine Art Kultstatus bei den Whiskyliebhabern besitzt.

- Glen Scotia:

Bei Glen Scotia wird zurzeit nur noch temporär Whisky gebrannt. Die Brennerei läuft geschätzt mit nur 15 Prozent ihrer Kapazität und erzeugt jährlich ungefähr 100 000 Liter reinen Alkohols bei einer möglichen Produktionskapazität von 750 000 Litern.

Die Brennerei benötigt dringend Investitionen für den Fortbestand.

- Glengyle:

Die ursprüngliche Glengyle Brennerei wurde 1925 geschlossen und die Produktionsanlagen abgebaut. Der Besitzer von Springbank kaufte im Jahr 2000 die Gebäude und baute eine neue Brennerei auf. Seit dem Jahr 2004 wird jetzt wieder Whisky hergestellt. Die Brennerei produziert nur drei Monate im Jahr. Das Personal wird für diese Zeit von Springbank ausgeliehen. Ebenso wird das Malz von Springbank bezogen.

> „Ein Glas ist fabelhaft, zwei sind zu viel, drei sind zu wenig.“
> Sprichwort aus Schottland

HIGHLANDS

Die Region Highlands ist das große Gebiet nördlich der Lowlands. Da die Region Highlands nicht homogen, sondern sehr unterschiedlich ist, werden die Highlands auch in die Teile Central Highlands, die Northern Highlands, die Western Highlands und die Eastern Highlands eingeteilt. Die Speyside ist zwar ein Teil der Highlands, wird aber aufgrund der großen Brennereidichte als eigenes Gebiet betrachtet.

- Glenmorangie:

Tain in den Northern Highlands ist die Heimat dieser Destillerie. Sie ist die beliebteste Brennerei im einheimischen schottischen Markt. Die Kapazität liegt bei vier Millionen Liter. Die leichten, samtigen Whiskys entstehen durch die hohen Brennblasen. Mit über fünf Metern sind sie die höchsten in Schottland.

Das Fass-Management bei Glenmorangie ist schon lange sehr innovativ. Im Vergleich zu anderen wurden sehr früh verschiedene Finishings in Port-, Madeira-, Bordeaux-, Sauternes- und anderen Fässern auf den Markt gebracht. Im Jahre 2008 wurde die gesamte Palette von Abfüllungen umstrukturiert.

- Oban:

Benannt nach ihrem Sitz ist die Destillerie eine der wenigen in den Western Highlands. Ungewöhnlich ist die Tatsache, dass die Brennerei mitten in die Stadt integriert ist. Dies ist nur noch bei wenigen der Fall.

Sie ist die zweitkleinste Brennerei im Besitz von Diageo mit 670 000 Litern. Aufgrund der geringen Produktion und der großen Nachfrage, bedingt durch den hohen Bekanntheitsgrad, wird die gesamte Menge als Single Malt abgefüllt. Es gibt sehr wenige unterschiedliche Abfüllungen von Oban. Außer der 14-jährigen Standardabfüllung gibt es noch die jährliche „Distillers Edition" mit jeweils unterschiedlichen Finishings. Abfüllungen von den Unabhängigen gibt es keine.

- Glen Garioch:

Die Aussprache von Glen Garioch ist Glen Girie. Die Mälzerei wurde 1979 eingemottet, ist aber in hervorragenden Zustand und könnte sofort wieder in Gebrauch genommen werden. Seit 1997 wird die entstehende Abwärme für die Heizung eines Gewächshauses verwendet. Die Produktionsmenge ist mit einer Million Liter sehr klein. Ein Großteil der Single-Malt-Abfüllungen werden auf dem asiatischen Markt verkauft. In Deutschland ist Glen Garioch zwar nicht überall, aber doch in gut sortierten Geschäften erhältlich.

- Edradour:

Edradour ist die kleinste Brennerei in Schottland. Die Kapazität beträgt jährlich 90 000 Liter. Edradour liegt idyllisch in der Nähe des Touristenortes Pitlochy. Man erreicht die Brennerei nach einem kurzen Spaziergang durch den Wald aus-

gehend vom Süden Pitlochys. Die Destillerie hat eines der schönsten Besucherzentren. Jährlich besuchen bis zu 100 000 Menschen die Brennerei. Es ist die einzige Brennerei in der der Kühlwurm (englisch worm tubes) – ein spiralförmig schlängelndes Rohr, eben der Wurm, verantwortlich für die Kühlung – frei liegt und besichtigt werden kann.

Die gesamte Produktion wird von drei Mitarbeitern gesteuert. Im Unterschied zu den großen Brennereien, wo durchgängig alle Produktionsschritte parallel durchgeführt werden, laufen bei Edradour die Produktionsschritte nacheinander ab und die Mitarbeiter wandern immer von einem Produktionsfortschritt weiter zum nächsten.

Die gesamte Produktion wird als Single Malt abgefüllt. Neben der zehnjährigen Standardabfüllung gibt es „Straight from the Cask" genannte Abfüllungen mit unterschiedlichen Finishings und in Fassstärke abgefüllt. Außerdem gibt es seit 2006 jährlich eine kleine Sonderabfüllung mit Whisky aus getorftem Malz. Der Balechin bezeichnete Whisky wird aus Malz mit mehr als 50ppm (parts per million) erzeugt.

Speyside

Die Speyside ist die Region mit der größten Brennereidichte. Begrenzt wird das goldene Dreieck – wie die Speyside auch genannt wird – von Moray Firth, den Flüssen Findhorn im Westen und Deveron im Osten. Benannt ist sie aber nach dem Fluss Spey, der in den Grampain Mountains entspringt. Die meisten Brennereien liegen an den Nebenflüssen Fiddich, Livet und Avon. Die Speyside ist mit vielen Bächen und Flüssen wasserreich und ideal geeignet für den Anbau von Gerste. Die umliegenden Berge waren ein guter Sichtschutz und ideale Verstecke, als die Brennereien noch schwarz betrieben wurden.

Die meisten Whiskys der Region sind ungetorft mit milden fruchtigen Aromen, insbesondere Birne und Apfel, begleitet von blumigen süßlichen Noten.

Der kleine Ort Dufftown am Zusammenfluss von Fiddich und Dullan ist geradezu von Destillerien umringt. Darin begründet gibt es die schottische Redensart: „Rome was built on seven hills, Dufftown stands on seven stills." Übersetzt bedeutet dies: „Rom wurde auf sieben Hügeln erbaut, Dufftown hat sieben Destillerien."

Die wichtigsten Brennereien der Speyside sind:

- Aberlour:

Die Kapazität wird durch die jeweils zwei wash und spirit stills erreicht.

Charakteristisch sind die Aromen von Trockenfrüchten, Äpfeln und Kaffee. Dies ist bedingt durch die mehrheitliche Lagerung in Sherryfässern.

Die zehnjährige Standardabfüllung ist die meist verkaufte. Der fassstarke Whisky „a'bunadh" spiegelt mit seiner Süße und extrem ausgeprägten Fruchtaromen den Stil von Aberlour wider.

- Ardmore:

Der Geschmack des dort produzierten Whiskys ist aufgrund der Verwendung von getorftem Malz sehr untypisch für die Speyside. Das Malz wird nicht selbst hergestellt, sondern von Großmälzereien bezogen.

Lange Zeit wurde fast die gesamte Produktion nur für die Blend-Industrie verwendet. Single Malts waren nur bei unabhängigen Abfüllern erhältlich. Deshalb ist Ardmore in Liebhaberkreisen relativ unbekannt. Erst 2007 beschloss der Inhaber Fortune Brand, die Muttergesellschaft von Jim Beam, Single Malts als Originalabfüllung anzubieten. Abgefüllt wird der Traditional Cask ohne Altersangabe.

- Glenfiddich:

Glenfiddich stellt für viele die erste Begegnung mit Single Malt dar. Mit einer Produktion von zehn Millionen Liter ist sie die größte Single-Malt-Brennerei in Schottland. 1963 wurde die Whiskywelt auf den Kopf gestellt, als bei Glenfiddich Single Malt abgefüllt und exportiert wurde. Als einige der wenigen Destillerien ist Glenfiddich noch in Familienbesitz.

Die schiere Größe von Glenfiddich ist unglaublich. Insgesamt sind 24 riesige Gärbottiche, alle aus Edelstahl, installiert. Imponierend ist die Armada von insgesamt 28 Brennblasen, die sich aus zehn wash stills und 18 spirit stills zusammensetzt. Die Lager der 43 Hallen fassen über 800 000 Fässer.

Aber es wird nicht alles als Single Malt verkauft. Eine große Menge wird für die bekannte Blendmarke Grant's verschnitten.

Empfehlenswert ist die Besichtigungstour durch die Brennerei. Über 100 000 Besucher werden jährlich im neuen Besucherzentrum empfangen. Glenfiddich ist von der alterslosen bis zur 50-jährigen Abfüllung in vielen Varianten als Originalabfüllung erhältlich. Von den unabhängigen Abfüllern sind so gut wie keine Flaschen erhältlich, da die Eigentümerfamilie keine Fässer an diese verkauft.

- Glenglassaugh:

Glenglassaugh hat eine sehr bewegte Vergangenheit hinter sich. Die 1875 gegründete Brennerei wurde mehrmals geschlossen und immer wieder eröffnet. 1986 erfolgte die letzte Schließung. Kaum jemand glaubte, dass dort jemals wieder Whisky gebrannt werden würde, bis 2008 die niederländische Scaent Group die Brennerei kaufte und wieder eröffnete. Im Moment gibt es aus der Zeit nach der Wiedereröffnung bisher nur new spirit. Dieser verspricht aber für die Zukunft viel Gutes.

Beim Erwerb wurden neben der Brennerei auch die noch vorhandenen Lagerbestände aus der Zeit vor 1986 übertragen. Diese werden nun von den neuen Eigentümern in kleinen exklusiven Abfüllungen auf den Markt gebracht.

- Macallan:

Alte Abfüllungen der Brennerei sind extrem gesucht und erreichen in Auktionen schwindelerregende Preise.

Nach mehreren Erweiterungen werden heute acht Millionen Liter pro Jahr erzeugt. Dafür stehen 21 Brennblasen zur Verfügung. Als Besonderheit sind den sieben wash stills jeweils zwei kleine spirit stills zugeordnet. Durch die kleinen Brennblasen wird ein kräftiger, öliger und sehr reichhaltiger Whisky produziert.

Traditionell ist Macallan bekannt für seine Single Malts aus den Sherryfässern. Diese sorgen für Nuss-, Apfel-, Birnen- und Gewürzaromen. Die schöne Sherrysüße passt ideal zu der cremig-öligen Struktur und sorgt für viel Schmelz und Ausgewogenheit.

In der jüngeren Vergangenheit standen nicht mehr genügend Sherryfässer zur Verfügung, beziehungsweise waren nicht mehr für den ganzen Lagerbestand finanzierbar. Deshalb wurde die neue Serie „Fine Oak“ eingeführt, bei der ein Teil der Sherryfässer ersetzt wurde. Die Fine-Oak-Serie in verschiedenen Altersstufen wird parallel mit der gewohnten Sherry Oak Serie vermarktet und ist preislich günstiger.

- Glenfarclas:

Die immer noch familiengeführte Destillerie produziert nach wie vor einen sehr traditionellen Whisky von hoher Qualität. Dazu gehört, dass spezielle Wood-Finishings tabu sind: Die Reife in Sherryfässer dominiert immer noch. Weiterhin werden keine Fässer an unabhängige Abfüller verkauft. Eine weitere Besonderheit ist die direkte Befeuerung der Brennblasen mit Erdgas aus der Nordsee.

Glenfarclas war eine der ersten Brennereien, die ihre Pforten für Besucher öffneten und Führungen anboten. Die Führung endet im so genannten „Ship's Room", dessen Ausstattung aus einem ehemaligen Kreuzfahrtschiff, der „Empress of Australia", stammt.

Neben der Standardpalette der 10, 12, 15 und 21-jährigen Abfüllungen, füllt Glenfarclas unter dem Namen „Family Cask" sehr gelungene, alte sherrygetönte Single Casks ab. In den letzten Jahren wurden jährlich jeweils über 40 verschiedene Fässer aus jeweils einem anderen Destillationsjahr abgefüllt. Die ältesten Fässer stammen aus den fünfziger Jahren des zwanzigsten Jahrhunderts und die jüngeren aus den Neunzigern. Somit wird für den gesamten Zeitraum für jedes

Jahr genau ein Fass als Single Cask abgefüllt. Die Flaschenzahl, insbesondere der alten Jahrgänge, ist aufgrund des angel shares und des damit verbundenen Schwundes relativ gering und schnell ausverkauft.

- Glenrothes:

Die Flaschen von Glenrothes sind aufgrund ihrer Form sehr schnell zu erkennen. Die ungewöhnliche Flaschenform ist gedrungen und Probeflaschen nachempfunden. Eine Besonderheit ist, dass alle Abfüllungen, bis auf den Select Reserve, Jahrgangsabfüllungen sind. Die Kapazität von 5,6 Millionen Liter wurde im Jahr 2010 nur zu 90 Prozent ausgeschöpft. Glenrothes ist der Lead Malt, also das führende Produkt bzw. das Aushängeschild, für die sehr bekannte Blendmarke Cutty Sark.

Islands

In dieser Region sind die westlichen Inseln von Schottland zusammengefasst. Nicht zu dieser Region gehört die Insel Islay, die aufgrund ihrer Bedeutung eine eigene Whiskyregion ist. Die Whiskys der Inseln sind meist getorft und mit viel Körper ausgestattet. Auf den Inseln Jura, Mull, Skye und den Orkneys wird Whisky produziert.

- Talisker:

Dabei handelt es sich um eine sehr bekannte Brennerei, die auf der landschaftlich herausragenden Insel Skye beheimatet ist. Die Insel ist sehr leicht mit dem Auto über eine Brücke zu erreichen. Talisker ist im Besitz des riesigen Spirituosenkonzerns Diageo. Ein Teil von Talisker wird nicht als Single Malt abgefüllt, sondern in den Blends von Johnnie Walker und White Horse verschnitten. Die Lagerung findet überwiegend in Bourbon Barrels statt. Sherryfässer werden hauptsächlich für das Finishing der Sonderabfüllung „DE“ benutzt. DE steht dabei für Distillers Edition und wird von Diageo bei vielen Brennereien für Spezialabfüllungen genutzt. Die Standardabfüllung von Talisker ist die zehnjährige.

- Highland Park:

Die nördlichste Brennerei Schottlands liegt auf der Hauptinsel der Inselgruppe Orkney. Highland Park wurde 1798 gegründet und ist somit zu den ältesten Brennereien, die noch in Betrieb sind.

Für die Produktion von zweieinhalb Millionen Liter stehen zwölf Gärbottiche und jeweils zwei wash stills und spirit stills zur Verfügung. Der Highland-Park-Stil ist leicht rauchig, mit kräftigen Aromen, zum Beispiel nach Heidekraut, und etwas süßlich.

- Arran:

Arran wurde 1993 gegründet und ist eine der jüngsten Destillerien. Der 2006 erstmals abgefüllte zehnjährige Standard wurde später durch die zwölfjährige Abfüllung ersetzt. Neben der Standardabfüllung wird eine große Anzahl von Finishings produziert. Zum Einsatz kommen ehemalige Cognac-, Calvados-, Chianti-, Bordeaux-, Burgund-, Sauternes- und Champagnerfässer.

Ab 2004 wird auch ein kleiner Teil mit getorftem Malz gemaischt. Die erste getorfte Abfüllung kam 2011 auf den Markt.

• Jura (Isle of Jura):
Auf der Nachbarinsel von Islay, der Isle of Jura, leben nur circa 200 Menschen. Die Brennerei, die nach der Insel benannt ist, wurde 1810 gegründet und hat eine Kapazität von 2,2 Millionen Liter, die in den insgesamt vier Brennblasen gebrannt werden. Der vollständige Name der Destillerie lautet Isle of Jura, wird aber oft nur als Jura abgekürzt. Alle Originalabfüllungen von Jura sind in der für die Brennerei typischen Flasche, deren Form an eine Gitarre erinnert, abgefüllt.

ISLAY

Islay (gesprochen Ei-lah) ist die bekannteste Whiskyinsel. Die Insel besitzt mit Ardbeg, Bowmore, Lagavulin und Laphroaig Destillerien, die bei vielen Whiskyliebhabern sehr begehrt sind. Insgesamt sind 8 Brennereien auf der Insel aktiv. Die 1983 geschlossene und inzwischen abgerissene Destillerie Port Ellen war ebenfalls auf Islay in der gleichnamigen Stadt Port Ellen zuhause.

In den letzten Jahren wuchs die Nachfrage nach Port Ellen Whisky immens. Das führte zu einem enormen Anstieg der Preise. Die unabhängigen Abfüller brachten in den letzten Jahren verstärkt Abfüllungen auf den Markt.

Aufgrund der Beliebtheit der Whiskys ist eine Reise nach Islay für viele der Höhepunkt eines Whiskylebens. Für die Anreise gibt es zwei Möglichkeiten. Die schnellere ist der Flug von Glasgow mit kleinen Propellermaschinen zum Flughafen in Port Ellen. Leider gibt es täglich nur jeweils zwei Flüge hin und zurück. Die andere Möglichkeit ist die Überfahrt mit der Fähre.

Auf der 40 Kilometer langen und 35 Kilometer breiten Insel leben 3 400 Personen. Die Fläche der Insel entspricht der doppelten Größe von München. Somit ist Islay die größte Insel der inneren Hebriden. Die Insel ist aber nicht nur für Whiskyliebhaber interessant, sie bietet außerdem eine großartige Flora und Fauna und besitzt eine atemberaubende Landschaft.

- Ardbeg:

Ardbeg ist in den Augen vieler Whiskyliebhaber die Ikone von Islay. Die Brennerei liegt malerisch in einer felsigen Bucht im Süden der Insel. Dort im Süden liegen aufgereiht die drei meist verehrten Destillerien der Insel: Lagavulin, Laphroaig und schließlich Ardbeg. Alle drei stellen stark getorften Whisky her. Aber Ardbeg hat den heftigsten Rauchanteil mit ungefähr 55 ppm im

Malz. Seit 2009 gibt es außerdem auch eine Abfüllung mit 99 ppm im Malz, die unter dem Namen *Supernova* abgefüllt wird.

1997 wurde die damals geschlossene Ardbeg von Glenmorangie für sieben Millionen britische Pfund gekauft. In diesem Kaufpreis ist ein großer Anteil für den mitgekauften Lagerbestand. Seit 2004 ist die gesamte Gruppe einschließlich Glenmorangie und Ardbeg im Besitz von Moet Hennessy.

Die Kapazität ist mit einer Million Liter pro Jahr relativ gering. Ein großer Anteil wird in Bourbon Barrels gelagert. Sherryfässer sind nur wenige im Einsatz. Die 10-jährige Standardabfüllung zeigt sehr schön den typischen Ardbeg-Stil. Dieser stellt eine ausgeprägte Persönlichkeit mit extrem rauchigen, salzigen und lakritzartigen Aromen dar. Die Salznote kommt von den Lagerhallen, die direkt an die stürmische See grenzen und oft von der Gicht umspült werden.

• Bowmore:
Bowmore wurde 1779 erbaut und ist die älteste Brennerei auf der Insel. Sie liegt in der gleichnamigen Hauptstadt direkt an den Ufern des Loch Indaal. Seit 1989 teilweise und seit 1994 zu hundert Prozent ist Bowmore zusammen mit Auchentoshan und Glen Garioch im Besitz des japanischen Getränkekonzerns Suntory.

Einer der bekanntesten Whiskys überhaupt ist der 64er Black Bowmore. Er lagerte in einem Lagerhaus von Bowmore, das teilweise unter der Höhe des Meeresspiegels liegt und dadurch ein im Sommer wie Winter sehr ausgeglichenes Klima besitzt. Leider ist der Black Bowmore nur sehr selten in Auktionen erhältlich und dann ist der Preis mit mehreren tausend Euro für viele unerschwinglich.

Die Whiskys von Bowmore sind sehr ausgeglichen. Mit ungefähr 35ppm im Malz nicht so stark getorft wie die der Brennereien im Süden der Insel und durch den großen Anteil an Ex-Sherryfässern mild, mit süßlichem Touch.

• Bruichladdich:
Im Jahr 2000 wurde die 1995 geschlossene Destillerie Bruichladdich von einem Konsortium um

den unabhängigen Abfüller Murray McDavid gekauft und wieder in Betrieb genommen. Bruichladdich füllt als einzige Brennerei ihre Flaschen auf der Insel ab. Dafür wurde 2003 extra eine Abfüllanlage in Betrieb genommen.

Damit ist Bruichladdich auch der einzige Erzeuger, der zum Verdünnen Wasser der Insel Islay verwendet. Alle anderen füllen in zentralen Abfüllanlagen auf dem schottischen Festland ab. Manche lagern sogar ihre Whiskys außerhalb der Insel in einem Zentrallager ebenfalls auf dem Festland.

Alle Abfüllungen von Bruichladdich sind ohne Farbstoff, nicht kühlfiltriert und haben mindestens 46 Volumenprozent Alkohol.

Die Leitung von Bruichladdich obliegt Jim McEwan, einem fanatischen Marketingfachmann. Allerdings hat er in den letzten Jahren durch seine unübersichtliche Abfüllstrategie mit vielen limitierten Abfüllungen die Geduld der Bruichladdich-Liebhaber stark strapaziert.

Seit einigen Jahren werden auch stark getorfte Whiskys gebrannt. Diese werden unter den Namen Port Charlotte und Octomore verkauft. Octomore ist mit über 150 ppm im Malz der meist getorfte schottische Whisky.

Auch unter der Marke Bruichladdich selbst wurde eine nicht mehr zu überblickende Anzahl von Serien und Fass-Finishings auf den Markt gebracht. Durch das übertriebene Marketing litten leider das Ansehen und das Interesse an Bruichladdich.

- Bunnahabhain:

Bunnahabhain liegt ein wenig abseits in der nordöstlichen Ecke der Insel. Außerdem ist der ungetorfte Whisky von Bunnahabhain untypisch für Islay. Bunnahabhain ist auch Besitzer und Abfüller der Blend Marke „Black Bottle". In diesem Blend sind alle Destillerien von Islay enthalten. Da es immer schwieriger wird die benötigten Mengen von getorften Whisky für den Black Bottle zu bekommen, brennt Bunnahabhain seit einiger Zeit einen Teil mit getorftem Malz.

Den Anteil an getorftem Whisky, der für den Black Bottle nicht benötigt wird, füllt Bunnahabhain als Single Malt unter dem Namen „Toiteach" (bedeutet rauchig in Gälisch) ab.

Es gibt zahlreiche Abfüllungen von vielen Unabhängigen, sowohl in der ungetorften als auch in der getorften Variante.

- Caol Ila:

Caol Ila liegt in der Nähe von Port Askaig am Sound of Islay.

Mit der Kapazität von 3,5 Millionen Litern ist Coal Ila die größte Brennerei der Insel. Optisch ist sie nicht so pitoresk wie viele andere malerische Brennereien. Sie erinnert eher an ein Industriegebäude. Die jeweils drei wash and spirit stills sind von außen durch eine Glasfassade gut sichtbar.

Coal Ila ist wie Lagavulin im Besitz des Spirituosenkonzerns Diageo. Einen Großteil seines Malzes erhält Coal Ila von der ebenfalls zum Konzern gehörenden Mälzerei in Port Ellen.

Früher wurde die Produktion von Coal Ila hauptsächlich in die Blends von Johnnie Walker verschnitten. Mit dem Anstieg der Nachfrage nach Single Malts wurde ein immer größerer Teil als Single Malt vermarktet. Auch die unabhängigen Abfüller bieten relativ oft Caol Ila an.

Meist werden für Caol Ila Bourbon Barrels eingesetzt. Diese unterstützen die schönen rauchigen Aromen, die mit den salzigen Noten eine ideale Kombination ergeben.

Die Destillerie Caol Ila wird leider oftmals unterschätzt, da sie im Schatten der Schwesterbrennerei Lagavulin und der anderen südlichen Destillerien steht.

- Kilchoman:

Kilchoman ist keine Destillerie wie alle anderen. Sie ist erst 2005 gegründet wurden und mit einer Kapazität von 100 000 Litern eine extrem kleine Farmdestillerie. Kilchoman mälzt einen Teil selbst. Die Gerste, die Kilchoman für die Mälzerei benutzt, wächst auf den Feldern um die Brennerei. Das zugekaufte Malz kommt aus der Mälzerei in Port Ellen und hat die gleiche Spezifikation wie das Malz für Ardbeg. Die Produktion im ersten kompletten Produktionsjahr betrug 50 000 Liter. Im Jahr 2008 wurde mit 90 000 Litern die Kapazität fast ausgeschöpft.

80 Prozent werden in amerikanischen Bourbon Barrels und 20 Prozent in Sherryfässern gelagert. Die erste Abfüllung erfolgte im Herbst 2009. Diese bestand aus dreijähriger Lagerung in Bourbon Casks mit anschließendem sechsmonatigen Finish in Sherryfässern. Seitdem erscheint circa alle drei Monate eine neue Abfüllung, die nach der

jeweiligen Jahreszeit benannt wird. In Zukunft soll der Name Kilchoman für Whisky aus dem zugekauften Malz verwendet werden, während Whisky aus dem eigenen Malz dann unter der Bezeichnung Kilchoman 100 Prozent Islay verkauft wird.

Die kleine Islay Destillerie wird jährlich von über 10 000 Besuchern besichtigt.

- Lagavulin:

Lagavulin ist neben Caol Ila die zweite Brennerei im Besitz von Diageo und eine der drei im Süden der Islay beheimateten Destillerien. Lagavulin lagert den größten Teil seiner Produktion in Sherryfässern. Die Ausgeglichenheit zwischen dem kräftigen Rauch und der schönen Sherrysüße macht die Brennerei zur beliebtesten der Insel. Ein Teil der Produktion wird nicht als Single Malt verkauft, sondern für den Blend „White Horse“ verwendet.

Ungewöhnlich ist das Alter von 16 Jahren für die Standardabfüllung. Die meisten Standardabfüllungen haben ansonsten meist ein Alter zwischen acht und zwölf Jahren.

Es gibt so gut wie keine Abfüllungen von den unabhängigen Abfüllern, da Lagavulin seit Jahren keine Fässer an Dritte mehr verkauft.

- Laphroaig:

Laphroaig ist die dritte Brennerei im Süden mit stark getorftem Whisky.

Seit 1994 darf Laphroaig den Zusatz „by appointment“, verliehen durch Prinz Charles, tragen. Alle Flaschen von Laphroaig tragen seit diesem Zeitpunkt das Wappen von Prinz Charles.

Bei Laphroaig sind die Kilns noch in Gebrauch, da ein Teil des Malzes noch selbst hergestellt wird. Ungewöhnlich ist die ungerade Anzahl von Brennblasen. Es sind mit drei wash stills und vier spirit stills insgesamt sieben installiert.

Die Whiskys von Laphroaig haben eine kräftige medizinische Note. Laphroaig war aufgrund dieses Geschmack zu Zeiten der Prohibition in Amerika legal erhältlich. Zwar nicht in der Bar, sondern als Medizin in der Apotheke.

Auch Laphroaig wird nur zum Teil als Single Malt abgefüllt, der andere Teil wird für den Blend „Long John“ und für den „Islay Mist“ benötigt.

Man kann sich im Internet als *Friend of Laphroaig* eintragen. Alle Friends of Laphroaig bekommen virtuell einen Quadratfuß auf dem Grundstück geschenkt. Als Pacht bekommt man jährlich eine Miniflasche Laphroaig. Leider muss man die Pacht persönlich abholen und kann diese auch nicht über Jahre ansammeln.

Die Standardabfüllung ist die zehnjährige. Der Quarter Cask ist ohne Altersangabe, aber durch die zeitweise Lagerung in den kleinen Fässern für sein junges Alter sehr reif und ausgeglichen.

Kleiner Exkurs: Geschlossene Destillerien

In den Achtzigern und Neunzigern wurden viele Brennereien in Schottland geschlossen. Bei vielen wurde die Brenntechnik deinstalliert und bei einigen sogar die Gebäude abgerissen. Wenige dieser geschlossenen Brennereien wurden wie Glenglassaugh aus dem Schlaf erweckt und wiedereröffnet. Diese geschlossenen Brennereien werden Lost Distilleries genannt. Obwohl diese Brennereien geschlossen sind, gibt es noch heute Fässer mit ihrem Whisky. Viele davon lagern in den Lagerhallen der unabhängigen Abfüller.

Die Abfüllungen der Lost Distilleries sind meist teurer als vergleichbare aus noch produzierenden Brennereien, da es keinen Nachschub mehr gibt.

Die Bestände einiger geschlossener Brennereien sind knapp. Die 1983 geschlossene Islay Brennerei Port Ellen hat inzwischen eine Art Kultstatus erreicht. Port Ellen war im Besitz des Diageo Konzerns, der auch heute noch die Namensrechte hält. Die von Diageo abgefüllten Port Ellen sind somit Originalabfüllungen. Bis jetzt gab es zehn limitierte Abfüllungen von Port Ellen durch Diageo. Wie lange die Bestände bei Diageo für weitere Abfüllungen reichen, ist nicht bekannt.

Weitere geschlossene Brennereien sind:

- Banff, Speyside – geschlossen 1983
- Brora, Highlands – geschlossen 1983
- Dallas Dhu, Speyside – geschlossen 1983
- Glen Albyn, Highlands – geschlossen 1983
- Glenlochy, Highlands – geschlossen 1983

- Glen Mhor, Highlands – geschlossen 1983
- Pittyvaich, Speyside – geschlossen 1993
- Rosebank, Lowlands – geschlossen 1993
- St Magdalene, Lowlands – geschlossen 1983

Whiskys aus Irland

Die irischen Whiskys unterscheiden sich nicht nur in der Schreibweise von schottischen. Denn die Iren schreiben ihren Whisky in der Regel mit e. Die Produktion von Malt Whisky ist in Irland sehr gering. Im Gegensatz zu den schottischen Malt Whiskys wird in Irland die Maische für den Whisky zum großen Teil aus ungemälztem Getreide angesetzt.

Eine Besonderheit der irischen Whiskys ist ihre weiche und milde Art. Dadurch ist der irische Whisky sehr gut geeignet für Einsteiger und nicht so erfahrene Whiskyliebhaber. Früher wurden alle Whiskys in pot stills destilliert. Zum Teil waren die Brennblasen riesig. Noch heute sind die größten Brennblasen der Welt mit einem Fassungsvermögen von über 75 000 Litern in Irland im Einsatz. Früher wurden in Irland sogar Brennblasen mit einem Fassungsvermögen von über 125 000 Litern benutzt.

Eine irische Spezialität ist der so genannte „Pure Pot Still Whiskey“. Dieser ist zum großen Teil aus ungemälztem Getreide mit einem kleinen Anteil an gemälzter Gerste gemaischt und in pot stills destilliert. Der Anteil dieser Pure pot stills

Whiskeys ist in den letzten zwei Jahrzehnten, als Antwort auf den Single-Malt-Boom und durch das Interesse an unverschnittenen Whiskys, gestiegen.

Leider sind die Nachfrage und das Interesse an irischen Whiskys im letzten Jahrhundert stark zurückgegangen. Deswegen ist die Anzahl der produzierenden Destillerien auf drei gesunken. Da aber eine Vielzahl von Whiskymarken mit zum Teil sehr unterschiedlichen Stilen gebrannt wird, fällt diese Tatsache den meisten Verbrauchern nicht auf.

Bushmills

2008 wurde das 400-jährige Bestehen von Bushmills gefeiert. Nachweislich gab es bereits 1608 eine Brennerei in der Region. Feststeht aber, dass diese nach heutiger Kenntnis nichts mit der heutigen Bushmills Destillerie gemein hatte. Die älteste noch produzierende Whiskybrennerei der Welt zu sein, ist aber unter Marketing Gesichtspunkten so vorteilhaft, dass Bushmills es sich zu Eigen gemacht hat und das angebliche Gründungsjahr 1608 auf jedem Etikett gedruckt ist.

Bushmills liegt an der Küste von Nordirland in der geografischen Mitte zwischen Belfast und

Londonderry. Bushmills brennt nur Single Malts. Das Malz wird nicht selbst gemälzt, sondern von einer Großmälzerei bezogen. Die Kapazität der Brennerei liegt bei circa drei Millionen Liter reinen Alkohols pro Jahr. Obwohl bei Bushmills nur Malzwhisky produziert wird, gibt es auch Blends unter der Marke Bushmills. Der einfache Blend wird „Original“ genannt und der höherwertige unter dem Namen „Black Bush“ vertrieben. Die für die Blends benötigten Anteile von Grain werden von den anderen irischen Brennereien zugekauft. Der Black Bush hat mit circa 70 Prozent Malt einen sehr hohen Maltanteil für einen Blended Whisky dieser Preisklasse.

Bushmills ist die einzige irische Brennerei, die alle ihre Single Malts dreimal destilliert. Zwischen der ersten Brennblase, der wash still und der spirit still wird als weitere Brennblase die so genannte intermediate still verwendet. Durch das dreimalige Brennen ist das Destillat mit circa 80 Volumenprozent höher im Alkohol, als beim zweifach gebrannten. Als Folge haben diese Single Malts einen leichten Körper und einen weichen und samtigen Charakter.

Cooley Brennerei

Die Cooley Brennerei liegt auf der Halbinsel Cooley in der Nähe zur nordirischen Grenze. Die Geschichte von Cooley begann erst 1987, als der irische Unternehmer John Teeling in einer Übernahmeschlacht um Irish Distillers gegen den französischen Riesenkonzern Pernod Ricard verlor. Danach kaufte er mit weiteren Teilhabern eine alte Destillerie für Industriealkohol auf der Halbinsel Cooley und baute diese zu einer Grain und Malt Brennerei um. Der erste Whisky wurde 1989 gebrannt. Die Kapazität beträgt eine Million Liter Malt Whisky und vier Millionen Liter Grain.

Heute werden in Cooley eine große Palette an Whisky und Marken produziert. Die hier aufgeführten sind die bekanntesten.

Unter dem Namen „Connemara“ wird ein getorfter, stark rauchiger Single Malt abgefüllt. Dieser Whiskytyp ist für Irland ungewöhnlich und konkurriert eher mit seinen rauchigen, schottischen Kollegen als mit anderen irischen Whiskys. Weiterhin wird Whisky der Marke „Tyrconnel“ produziert. Die Verkaufszahlen dieses Single Malts waren von Anfang an sehr groß, da es sich um eine alte und bekannte Whiskymarke handelt. Weiterhin werden auf Cooley unter anderem die Marken „Kilbeggan", „Inishowen" (Blended Whisky) und „Lock's" (Single Malt) hergestellt.

Irish Distillers

Die Firma Irish Distillers hat eine lange Geschichte. Sie ist schon in den 60er Jahren des 19. Jahrhunderts aus der Fusion der fünf wichtigsten irischen Brennereien entstanden. Die Produktion wurde an zwei Standorten in North Mall und Midleton konzentriert. In den 20iger Jahren des 20. Jahrhundert wurde North Mall aufgrund der Wirtschaftskrise und des Absatzrückganges geschlossen. 1966 kam es zur Fusion mit den Brennereien Jameson und Power. Sowohl Jameson als auch Power hatten in ihren Produktionsstätten in Dublin Platzprobleme. Deshalb wurden beide geschlossen und Midleton als Brennzentrum etabliert. Heute besuchen über 200 000 Besucher jährlich die zum Whisky-Museum umgebaute Jameson Brennerei in Dublin.

1975 wurde in Cork im Süden von Irland in Sichtweite der alten Brennerei von Midleton eine neue moderne gebaut. Diese Brennerei hat sowohl pot stills als auch Coffey-Stills, da sie sowohl Malt Whisky als auch Grain Whisky brennt. Die Kapazität von Midleton beträgt über 20 Millionen Liter reinen Alkohols pro Jahr zusammen für Malt und Grain Whisky. Durch den unterschiedlichen Verschnitt werden sehr verschiedene Whiskys unter bekannten Markennamen abgefüllt. Sowohl die Marken „Jameson", „Power", „Paddy", „Tullamore Dew" als auch die Pot-Stills-Whiskys „Redbreast" und „Green Spot" werden in Cork produziert und abgefüllt.

Whiskys aus den USA

Nicht alle amerikanischen Whiskys sind Bourbons, obwohl viele dies gleichsetzen. Die Herstellung von amerikanischem Whisky unterscheidet sich in einigen Punkten von der schottischer Whiskys. In Amerika wird nur ein kleiner Teil gemälztes Getreide verwendet. Ansonsten setzt sich, je nach Whiskytyp, die Maische in Amerika aus unterschiedlichen Anteilen von Mais, Weizen und Roggen zusammen. In den großen industriellen Brennereien werden für die Destillation Coffey-Stills eingesetzt. Traditionelle Brennblasen finden sich nur in kleinen Brennereien. Ein Gegenbeispiel ist die große Brennerei Labrot & Graham in der der „Woodfort Reserve" in pot stills destilliert wird.

Eine Besonderheit der amerikanischen Whiskys ist die Verwendung der sour mash (saure Maische). Bei der Anwendung dieses Verfahrens werden Rückstände der Destillation der neuen Maische hinzugefügt. Dadurch sinkt der pH-Wert der Maische und diese wird sauer. Im sau-

ren Milieu verarbeiten die Hefepilze den Zucker besser zu Alkohol und Kohlendioxid. Im Gegensatz zur Hefe ist der Stoffwechsel anderer Mikroorganismen in saurem Milieu schwächer. Somit entstehen durch das Sour-mash-Verfahren saubere Whiskys, da die Hefen sich stärker gegen die unerwünschten Mikroorganismen durchsetzen.

Für amerikanische Whiskys ist es gesetzlich vorgeschrieben, dass diese immer in neuen ungebrauchten Eichenfässern lagern müssen. Wie bereits erwähnt, hat sich die amerikanische Holzlobby durchgesetzt und die einmal benutzten Fässer dürfen nicht für amerikanischen Whisky wiederverwendet werden. Diese Tatsache ist ein großes Glück für die schottische Whiskyindustrie, die diese Fässer günstig kaufen kann, um sie für ihren Whisky zu verwenden. Die Vorschrift, neue Fässer zur Lagerung verwenden zu müssen, hat auch Auswirkungen auf den Geschmack der Whiskys. Die neuen stark ausgebrannten Fässer geben kräftige süße Aromen nach Vanille und Karamell ab. Dadurch unterscheiden sich amerikanische Whiskys geschmacklich stark von anderen Typen. Untereinander weisen amerikanische Whiskys allerdings nicht so große Geschmacksunterschiede auf. Die kräftig süßen Karamellnoten dominieren immer das Aroma.

Aber nicht nur im Geschmack, sondern auch in der Struktur und im Marketing unterscheiden sich amerikanische Whiskymarken von schottischen. In Schottland steht immer die Brennerei im Vordergrund und in Amerika die Marke. Die großen Brennereien produzieren meist sehr unterschiedliche Whiskys mit unterschiedlichen Rezepten und unterschiedlichem Geschmack. Diese werden dann unter verschiedenen Markennamen vertrieben. Die Brennereien sind im Marketing nicht wichtig und oft ist die Brennerei auf den Etiketten nicht mal ersichtlich.

„Unterwegs sollte man immer eine kleine Flasche Whiskey mit sich tragen wegen der Schlangenbisse. Und man sollte nicht vergessen, eine Schlange mitzunehmen."
W. C. Fields, amerikanischer Schauspieler

Bourbon

Die Maische muss mindestens aus 51 Prozent und maximal aus 80 Prozent Mais bestehen. Der restliche Anteil besteht je nach Rezept und Brennerei aus Weizen, Roggen oder Gerste. Der hohe Anteil an Mais ist für den süßlichen Geschmack verantwortlich. Je höher der Roggenanteil in der Maische, desto würziger wird der Whisky.

Das Zentrum der Bourbonproduktion ist der Staat Kentucky.

- Blanton's:

Blanton's ist die Whiskymarke der Buffalo Trace Brennerei aus Frankfort in Kentucky, benannt nach Albert Blanton, dem Destilleriemanager von 1912 bis 1952. Unter Albert Blanton wurde der erste Single Barrel Bourbon abgefüllt. Noch heute sind alle Blanton's Abfüllungen Single Barrels, das heißt alle sind Einzelfassabfüllungen. Über die Jahre hat sich herausgestellt, dass die Lagerhalle, die mit H bezeichnet wird, die am besten geeignete Halle für die Lagerung von Bourbon ist. Deshalb werden heute alle Blanton's

Bourbons in der Halle H gelagert. Auf jedem Etikett sind die genaue Bezeichnung des abgefüllten Eichenfasses und der genaue Lagerort in der Halle H aufgedruckt.

- Wild Turkey:

Ein toller Bourbon ist der „Rare Breed“ in Fassstärke mit ungefähr 55 Volumenprozent Alkohol von Wild Turkey.

- Weitere empfehlenswerte Bourbons:

Dazu gehören „Maker's Mark“, der als markantes Zeichen rotes Wachs über dem Flaschenverschluss hat, sowie „Basil Hayden“ und „Cnob Creek“, beides Small Batch Bourbons von der Jim-Beam-Destillerie.

Tennessee Whisky

Tennessee Whisky muss im Bundesstaat Tennessee hergestellt werden. Außerdem muss bei Tennessee Whisky das Charcoal-Mellowing-Verfahren (Holzkohlefilterung) angewendet werden. Bei diesem Verfahren wird der junge frisch destillierte Whisky durch eine mehrere Meter dicke Schicht von Holzkohle aus Ahornholz filtriert. Dem Whisky werden durch die Filtrierung einige

Stoffe entzogen und andere durch die Holzkohle hinzugefügt. Dadurch entstehen sehr milde Whiskys.

Mit Jack Daniel und Georg Dickel gibt es nur zwei Brennereien in Tennessee. Jack Daniel's ist die bekannteste Brennerei in Amerika und Erfinder der Holzkohlefilterung. Entgegen den meisten Brennereien in Amerika schreibt Georg Dickel auf den Etiketten Whisky ohne „e".

Rye Whisky

Diese Whiskys bestehen zu mehr als 50 Prozent aus Roggen. Früher war dieser Whiskytyp weit verbreitet. Im Moment macht er nur noch einen kleinen Anteil an der Whiskyproduktion aus. In den letzten Jahren ist der Rye aber wieder entdeckt worden, die Produktion steigt und es entstehen neue Marken, oder es werden schon verschwundene Marken wieder neu aufgelegt. Interessante Rye Whiskys sind die beiden Varianten von Rittenhouse. Die Abfüllung mit 50 Prozent Alkohol (100 Proof) ist fülliger und voluminöser als die 40-prozentige Abfüllung und deshalb die interessantere Variante.

Corn Whisky

Corn Whiskys sind mit ihrem hohen Anteil von mehr als 80 Prozent Mais in der Maische die geschmackvollsten. Corn Whiskys werden oft in Blended Whisky verschnitten und selten als Corn Whisky abgefüllt.

Wheat Whisky

Dieser Whiskytyp aus mindestens 50 Prozent Weizen ist nur der Vollständigkeit halber aufgenommen. Diese Whiskys werden so gut wie nicht mehr produziert und sind in Europa wenig erhältlich.

Blended Whisky

Wie überall wird Blended Whisky aus den verschiedenen Whiskytypen verschnitten. Dabei werden Bourbon, Rye, Wheat und die geschmackvollen Corn Whiskys miteinander verschnitten.

Whiskys aus Kanada

Heute ist von der einst blühenden Whiskyindustrie Kanadas nicht mehr viel übrig geblieben. Sehr stark hat der Whisky in Zeiten der Prohibition in den USA profitiert. Über die mehrere tausende Kilometer lange Landgrenze wurde der Whisky in großem Maßstab in die USA geschmuggelt. Seit den 70iger Jahren des 20. Jahrhunderts ging die Produktion zurück und viele Brennereien mussten schließen.

Sogar auf dem einheimischen Markt in Kanada wurde den schottischen und irischen Whiskys der Vorzug gegeben.

Die kanadischen Blends waren bis 1990 alle aus Roggenwhisky und Grain Whisky verschnitten. Zum Teil wird für die kanadischen Blends auch Whisky aus den USA und Schottland mit dem kanadischen Rye verschnitten.

Im Jahre 1990 eröffnete die Destillerie Glenora in Nova Scotia und begann nach schottischem Vorbild einen Single Malt herzustellen.

Der bekannteste kanadische Whisky ist der „Crown Royal“ aus der Gimli Distillery in Manitoba.

Whisky aus Japan

Innerhalb von nicht einmal 100 Jahren ist in Japan aus dem Nichts eine Whiskykultur entstanden und Japan ist heute einer der größten Märkte für Whisky. Die Whiskygeschichte begann mit Masataka Taketsuru, der 1920 aus Schottland nach Japan zurückkehrte. In Schottland hatte er die Kunst der Whiskyproduktion erlernt. Taketsuru gründete zusammen mit dem Eigentümer von Suntory die Brennerei Yamazaki. Leider konnte man sich über die Entwicklung der Firma und den Stil des Whiskys, den man produzieren wollte, nicht einigen. Deshalb trennte man sich und Taketsura gründete die Firma Nikka. Yamazaki und Nikka sind beide noch heute die großen Konkurrenten auf dem japanischen Whiskymarkt. Während in Schottland die Brennereien zusammenarbeiten und Whisky für die Blends austauschen, muss in Japan jeder alles selbst machen. Aus diesem Grund produziert jede Destillerie ganz unterschiedliche Whiskystile. Deswegen unterscheiden sich in jeder Brennerei die einzelnen Brennblasen in ihrer Form. So ist es möglich, viele unterschiedliche Malts in einer Brennerei zu produzieren. Da in Schottland nicht die Variabilität im Vordergrund steht, sondern der Brennereicharakter, sind dort die einzelnen Brennblasen in Größe und Form gleich.

Japanische Whiskys werden auch nach ihren schottischen Vorbildern in ehemaligen Bourbon- und Sherryfässern gelagert. Zusätzlich sind aber auch Fässer aus japanischer Eiche im Einsatz, die eine würzige Note abgeben.

Bedeutende Brennereien in Japan

- Yamazaki:

Die 1924 gegründet Brennerei ist die älteste Maltbrennerei in Japan. Besitzer ist der japanische Getränkekonzern Suntory. Zu diesem Konzern gehören auch die drei schottischen Single-Malt-Destillerien Auchentoshan, Bowmore und Glen Garioch.

Die Jahreskapazität beträgt 3,5 Millionen Liter pro Jahr. Die zwei Maischbottiche haben ein unterschiedliches Fassungsvermögen. In dem größeren können bis zu 18 Tonnen Malz auf einmal gemaischt werden, in dem kleinen gerade mal vier Tonnen. Das Malz hat einen Gehalt von 0 bis 40 ppm Phenol. Der Hauptanteil wird aus Schottland, England, Kanada und Australien importiert. Einheimische Gerste wird nur zu einem kleinen Anteil verarbeitet.

Für die Vergärung stehen 18 Gärbottiche zwischen jeweils 40 000 bis 50 000 Liter zur Verfügung. Die zwölf Brennblasen haben eine Größe zwischen 4 000 und 15 000 Liter. Auf dem deutschen Markt erhältlich sind insbesondere die 10-, 12- und 18-jährigen Single Malts erhältlich. Die Preise für japanischen Whisky sind im Schnitt höher als für vergleichbaren Whisky aus anderen Ländern.

Sonderabfüllungen und Single Casks sind leider in Europa schwer erhältlich.

- Hakushu:

Hakushu ist die zweite Brennerei im Besitz von Suntory. Sie ist mit einer Kapazität von drei Millionen Liter etwas kleiner als Yamazaki. Auf einer Höhe von 2 200 Meter über Normalnull ist sie zumindest eine der höchstgelegensten Brennereien der Welt. Sie liegt in den so genannten südlichen japanischen Alpen und ist im Winter oft eingeschneit. Durch die kühlere Lage reift der Whisky sehr langsam.

- Yoichi:

  Diese Brennerei mit der Kapazität von fünf Millionen Liter gehört zum großen Konkurrenten von Suntory Nikka. Als einzige Brennerei der Welt beheizt Yoichi die Brennblasen noch direkt mit Kohle.

Japanische Pure Malt und Blended Whiskys

Die Besonderheit bei japanischen Pure Malts und Blended Whisky ist, dass nicht nur japanischer Whisky, sondern oft auch schottischer Whisky im Verschnitt enthalten ist.

Sehr empfehlenswert ist der Blended Whisky „Hibiki“ von „Suntory“. Hibiki gibt es als 12-, 17- und 21-jährige Abfüllung. Hibiki gewinnt regelmäßig in allen Altersstufen Preise bei Whiskywettbewerben.

Whisky aus Deutschland

Vielen fällt zum Stichwort deutscher Whisky der Name „Racke Rauchzart" ein, obwohl dies nie ein in Deutschland gebrannter Whisky war. In den Anfängen von Racke Rauchzart in den sechziger Jahren des letzten Jahrhunderts begann die Bingener Firma schottischen Whisky mit selbst gebranntem Getreidedestillat zu verschneiden und verkaufte diese Kombination unter dem Namen Racke Rauchzart. Der einheimische Anteil glich den hohen Zoll für ausländische Spirituosen aus und machte es möglich, Racke Rauchzart günstiger als schottischen Whisky zu verkaufen. Lange war Racke Rauchzart der meist verkaufte Whisky in Deutschland. Später wurde Racke Rauchzart dahingehend geändert, dass er bis heute aus 100 Prozent schottischen Whiskys verschnitten ist.

Einer der ersten Produzenten für deutschen Whisky war Florian Stetter von der Obstbrennerei Lantenhammer am Schliersee. Heute gibt es eine ganze Anzahl von Brennereien in Deutschland, die auch Whisky brennen. Dabei werden in

Deutschland sowohl (Single) Malt Whiskys als auch Grain Whiskys gebrannt.

Die Brennblasen sind der Grund für den großen Unterschied zwischen deutschem und schottischem Whisky. Viele der deutschen Whiskyproduzenten sind ursprünglich Obstbrenner, die jetzt zusätzlich Whisky brennen. Die meisten produzieren nur eine kleine Menge. Manche sogar nur ein Fass pro Jahr. Für das Brennen werden die gleichen Brennblasen wie für den Obstbrand verwendet. Diese Brennblasen sind viel kleiner als die schottischen Brennblasen. Die Rohbrandblase hat oft nur wenige hundert Liter, die Feinbrandblase häufig sogar noch viel weniger. Erschwerend kommt hinzu, dass die Form der Brennblase dafür optimiert wurde, möglichst die feinen Fruchtaromen aus der Maische herauszuarbeiten. Deswegen ist der deutsche Whisky nicht sehr körperreich, wenig ölig und mit viel Fruchtaroma, meist in Form von Birnennoten. Zusätzlich wird der meiste deutsche Whisky sehr jung im Mindestalter von drei Jahren verkauft.

Deutsche Whiskys sind demnach nicht besser oder schlechter als schottische, sondern einfach andersartig.

Da die Produktionsmengen der einzelnen Brennereien mit oft nur wenigen hundert Flaschen klein sind, kann die Nachfrage oft nicht befriedigt werden und die Brennereien sind schnell ausverkauft. Dies animiert immer mehr Brenner dazu, ebenfalls Whisky in Deutschland herzustellen. Dadurch kommen jedes Jahr neue Produzenten auf den Markt.

Zu den wichtigsten deutschen Whiskybrennereien gehören:

- Slyrs:

Slyrs ist der bekannteste deutsche Whisky. Er wird seit 1999 am Schliersee gebrannt. Der Name ist ein Kunstname unter Bezug auf seine Herkunft („Schliers“ wie Schliersee). Im Jahre 2007 wurde eine eigene Whiskybrennerei mit spezieller Brennblase, die einem Kegel ähnlich sieht, gebaut. Ein schönes Besucherzentrum wurde schon beim Bau mit vorgesehen und gleichzeitig mit der Brennerei eröffnet. Es wird nur Single Malt produziert. Das verwendete Malz wird mit Buchenholz getrocknet und ist aus Deutschland. Die älteren Jahrgänge von Slyrs erzielen heute auf Versteigerungen ein Vielfaches vom ursprünglichen Kaufpreis.

- Coillmór:

Die Brennerei Liebl in Bad Kötzting im Bayerischen Wald hatte 2009 mit ihrem ersten dreijährigen Single Malt Premiere. Der Whisky wird unter dem Namen „Coillmór“ verkauft. Coillmór ist gälisch und bedeutet großer Wald, was zu seiner Herkunftsregion Bayerischer Wald sehr gut passt.

- Weitere deutsche Whisky Brennereien:

a) Brennerei Höhler (http://www.brennerei-hoehler.de): Die sehr kleine Whiskyproduktion aus Hessen wird unter dem Namen „Whesskey“ vertrieben.
b) Spreewälder Feinbrand- & Spirituosenfabrik (http://www.spreewaldbrennerei.de)
c) Hammerschiede im Harz (http://www.hammerschmiede-spirituosen.de)
d) Whisky-Destillerie Blaue Maus (http://www.fleischmann.de)

Whisky aus weiteren Regionen

Wales

Seit 1998 gibt es die Single-Malt-Brennerei Penderyn in Wales. Nicht der ganze Prozess wird in der Brennerei durchgeführt. Die wash wird von einer benachbarten Brauerei bezogen. Zu Beginn der Produktion wurden 60 000 Flaschen pro Jahr produziert. Heute hat sich die jährliche Produktion auf bis zu 100 000 Flaschen gesteigert. In Schottland muss bei Single Malt schon die Maischung in der Brennerei durchgeführt werden und ein wie oben beschrieben hergestellter Whisky dürfte sich eigentlich nicht Single Malt nennen.

Schweden

Die einzige Whiskybrennerei in Schweden ist Mackmyra, die ersten Whiskys kamen 2006 auf den Markt. „Mackmyra" ist ein sehr gesuchter Whisky, der zu relativ hohen Preisen verkauft wird.

Schweiz

Der bekannteste Schweizer Whisky kommt aus Aargau und nennt sich „Whisky Castle". 2004 wurde der erste Whisky auf den Markt gebracht. Eine neue Brennerei wurde 2006 eröffnet. Damit wurde die Kapazität von 5 000 Flaschen auf 25 000 erhöht.

Indien

Indien ist ein riesiger Markt für Whisky. Dies zeigt sich darin, dass der indische „Bagpiper" der meistverkaufte Whisky der Welt ist.

Aber die einzige indische Whiskybrennerei mit Ambitionen für den Export nach Europa ist Amrut. Der Whisky dieser Brennerei ist seit einigen Jahren auch in Deutschland erhältlich. Die Brennerei in Bangalore verarbeitet für ihre Single Malts Malz aus den nordindischen Regionen Punjab und Rajasthan.

Das für die Maischung benötigte Wasser wird mit Lastkraftwagen über die Entfernung von 15 Kilometer zur Destillerie transportiert.

Whisky genießen – was zu beachten ist

Und, haben Sie schon Lust bekommen, sich ein Glas feinsten Whisky zu genehmigen? Dann sind die folgenden Seiten für Sie nun besonders interessant. Hier erfahren Sie nun, was beim Whiskygenuss empfehlenswert ist.

ALLGEMEINES

Der Genuss von Whisky ist sehr individuell, so dass hier im Grunde keine Vorschriften gemacht werden können, wie der Einzelne seinen Whisky trinken soll. Die hier gemachten Vorschläge sind Anregungen für den Genuss, aber keine Dogmen.

Es ist sinnvoll, die Whiskys in zwei Kategorien einzuteilen. Die eine beinhaltet, ob pur oder gemischt, den Alltagswhisky. Diese Kategorie macht immerhin 90 Prozent des produzierten Whiskys aus und besteht überwiegend aus Blended Whisky und einfachen Bourbons. Die zweite Gruppe bildet der Genusswhisky, bestehend aus Single Malts und anderen hochwertigen Whiskys. Die zweite Gruppe wird überwiegend pur, eventuell etwas mit Wasser verdünnt, getrunken. Dabei ist die Konzentration auf den Whisky gerichtet. Es wird die Optik, die Farbe, der Geruch und Geschmack sehr intensiv wahrgenommen.

Eis und Wasser

Alltagswhisky wird oft auf Eis getrunken. Das Eis sorgt für Kühlung, verdünnt langsam den Whisky und macht diesen weicher. Einen guten Whisky sollte man aber aus zwei Gründen ohne Eis genießen. Erstens sollten hochwertige Whiskys bei circa 18 bis 20 Grad Celsius genossen werden, da bei kühleren Temperaturen die Aromen nicht so gut zur Geltung kommen. Bei kühleren Temperaturen ist der Geschmack wie eingefroren. Zweitens ist die Verwässerung durch das Schmelzen des Eises nicht regelbar und schreitet mit der Zeit immer weiter fort.

Die Verdünnung eines Whiskys mit Wasser kann im Gegensatz dazu, insbesondere bei Cask-Strength-Abfüllungen sinnvoll sein. So tritt die Strenge des Alkohols in den Hintergrund und die vorhandenen vielschichtigen Aromen können in den Vordergrund treten. Hier kann schon die Zugabe sehr weniger Tropfen Wasser ihren Zweck erfüllen. Die richtige Menge des zugefügten Wassers wird sehr individuell empfunden und jeder muss für die einzelnen Whiskys sein eigenes Maß austarieren. Also probieren Sie selbst, was Ihnen am besten schmeckt. Fügen Sie deshalb das Wasser immer zuerst in sehr kleinen Mengen hinzu, um dann durch wiederholtes Probieren die richtige, individuelle Mischung zu erreichen.

Aber Achtung: Nicht jedes Wasser ist für die Verdünnung von Whisky geeignet. Das Wasser soll frei von Kohlensäure sein und möglichst wenig Salze und Mineralien enthalten.

Im Handel sind Pipetten erhältlich, mit denen die Wassermenge zum Verdünnen tropfenweise dosiert werden kann.

> „Trinke niemals Whisky ohne Wasser und niemals Wasser ohne Whisky."
> Sprichwort aus Schottland

DER WHISKYGENUSS

Beim Whiskygenuss werden alle Sinne angesprochen – sowohl die Optik als auch der Geruch und natürlich auch der Geschmack werden sensorisch bewertet.

DIE OPTIK

Die Farbe des Whiskys zu beurteilen, macht natürlich nur richtig Sinn, wenn man weiß, dass er ungefärbt ist. Die Farbe kann von einer weißweinartigen Farbe bis hin zu dunklem Bernstein reichen. Somit können Sie über die Farbe Informationen über den Fasstyp erhalten. Bei Exbourbon-Fässern oder Zweit- oder Drittbelegung kann die Farbe sehr hell sein, während sie bei neuen Sherryfässern oft dunkel und bernsteinfarbig ist.

Weiterhin können Sie über die Optik Informationen über die Struktur und den Alkoholgrad erhalten. Wenn Sie das Glas mit dem Whisky vorsichtig schwenken, stellen Sie fest, dass die Flüssigkeit in unterschiedlicher Bahn und Geschwindigkeit am Glasrand nach unten läuft. Diese Bahnen werden in der Fachsprache legs (englisch für Beine) genannt. Lange, dünne Beine (long legs) weisen entweder auf einen hohen Alkoholgehalt oder einen jungen leichten Whisky hin. Langsam fließende und dickere Beine zeigen eine eher ölige, kräftige Struktur mit vollem Körper und

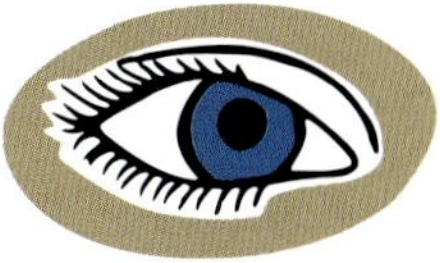

öliger Viskosität (Fließverhalten) später im Mund.

Zusammengefasst kann die Optik schon sehr viele Informationen über Struktur und Geschmack verraten und sollte nicht vernachlässigt werden.

Der Geruch

Die Beurteilung des Geruchs von Whisky nennt man in der Fachsprache Nosing.

Zu Beginn des Riechens wird das Glas wieder geschwenkt. Dadurch wird das ganze Glas benetzt und durch die große Oberfläche entsteht eine höhere Duftkonzentration. Sie sollten sich dem Glas mit der Nase langsam nähern, sonst können Sie eventuell eine große Dosis vom Alkohol auf einmal in die Nase bekommen. Dies hemmt die Wahrnehmung der anderen Aromen. Der Geruch eines Whiskys – auch Nase genannt – kann sehr viele Informationen über das vorliegende Destillat geben. Sehr leicht zu erkennen sind die rauchigen, salzigen Noten eines getorften Whiskys, die zum Beispiel von der Insel Islay stammen können. Fehlen diese rauchigen Noten komplett, könnte es sich um einen Speysider oder auch um einen irischen Whisky handeln. Auch Bourbon ist durch seine kräftigen süßlichen Aromen nach Karamell und Vanille sehr gut am Geruch zu erkennen. Diese Aromen entstehen durch die Verwendung stark getoasteter neuer Fässer.

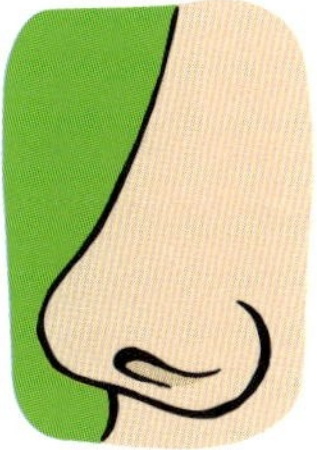

Die Lagerung in Sherryfässern können Sie zusätzlich zur Farbe auch sehr gut an dem süßen, sherryartigen Duft identifizieren.

Für das Nosing sollten Sie sich ausreichend Zeit nehmen, denn für den Genuss ist es äußerst wichtig. Außerdem entwickelt sich der Whisky durch die Luftzufuhr im Glas. In Verbindung mit dem Sauerstoff entstehen oftmals nach und nach weitere zusätzliche Aromen, die das Destillat vielschichtiger und komplexer machen. Für manchen Liebhaber ist das Nosing sogar ein größerer Spaß beim Whiskygenuss als das Trinken selbst.

In der Summe haben Sie jetzt durch die Optik und den Geruch schon eine Menge Informationen über den Whisky im Glas sammeln können, ohne ihn probiert zu haben.

Der Geschmack

Nach der optischen Betrachtung und dem Nosing haben Sie nun erste Eindrücke und Vorstellungen über den Geschmack erhalten. Bei einigen Whiskys passt der Geschmack und der wahrgenommene Geruch zusammen, andere haben im Geschmack ganz andere Aromen als die Nase wahrgenommen hat.

Jetzt geht es ans eigentliche Trinken und Schmecken: Am Anfang sollten Sie einen nicht zu großen Schluck nehmen, da sich der Mund und die Zunge erst an den Alkohol und den Geschmack gewöhnen müssen. Vor dem zweiten Schluck sollten Sie unbedingt eine kleinere Pause machen, damit sich die Zunge mit ihren Geschmacksknospen wieder neutralisieren kann. War der erste Schluck zu alkoholreich, sollten Sie vor dem zweiten etwas mit Wasser verdünnen.

Bei der Beschreibung des Geschmackes greift man auf Assoziationen zurück. Man benennt die wahrgenommenen Früchte, wie zum Beispiel Zitronen und Bananen, oder die rauchigen Aromen, die an Schinken oder Asphalt erinnern. Umso größer die Geschmacksvielfalt und je intensiver die Aromen sind, desto komplexer und qualitativ höher ist der Whisky.

Wichtig für die Qualitätseinstufung ist auch der so genannte Abgang. Als Abgang wird der Geschmack nach dem Schlucken bezeichnet. Je länger und je größer die Aromenvielfalt, umso besser die Qualität. Wenn der Geschmack nach dem Schlucken lange erhalten bleibt, spricht man von einem langen Abgang im Gegensatz zu einem kurzen oder schnellen Abgang.

Die Beurteilung des Geschmackes ist individuell von der einzelnen Person abhängig. Das Geschmacksempfinden ist sowohl von äußeren Situationen, zum Beispiel von Temperatur und Wetter, als auch von den eigenen Emotionen abhängig.

„Zu viel von irgendwas ist schlecht, aber zu viel von gutem Whisky ist wahrlich nicht genug."
Mark Twain

AROMEN

Die Komplexität der Whiskys wird durch die Aromenvielfalt erreicht. Die einzelnen Aromengruppen entstehen bei den unterschiedlichen Schritten der Produktion.

Hier finden Sie die wichtigsten Aromen sortiert nach ihrer Herkunft:

GETREIDEAROMEN

Diese Noten sind abhängig von dem verwendeten Getreide als Rohstoff. Am stärksten ausgeprägt sind die Aromen bei Malzwhisky, aber auch Roggen und Mais haben charakteristische Geschmacksnoten.

Je nach Rohstoff kann man folgende Aromen dem Whisky zuordnen:

- Stroh
- frisches Brot
- Müsli
- Maismehl
- Malzbier
- Kuchen
- Porridge

TORF / RAUCH

Diese Aromen entstehen durch die Trocknung des Malzes mit Torf. Ein bestimmter Teil von rauchigen Aromen – zum Beispiel nach Toastbrot und Vanille – können auch durch die Lagerung in den ausgebrannten Fässern entstehen. Die rauchigen Aromen werden oft in der Kombination mit salzigen Aromen als Schinken oder Räucherfisch wahrgenommen. Nicht jeder empfindet die Raucharomen als positiv. Manchen erinnern sie an verbrannte Gummireifen, Asphalt und Teer.

Folgende Aromen werden dieser Gruppe zugeordnet:

- Rauch
- Myrthe
- Anchovis
- Räucherlachs
- Lakritz
- Phenol
- Tang
- Kampfer
- Asphalt
- verbrannte Gummireifen

Florale Noten

Diese pflanzlichen Aromen entstehen durch die Hefen bei der Vergärung. Diese Noten werden wahrgenommen als Geranien, Lavendel, Veilchen, Akazie, frisches Heu, gemähtes Gras, grüne Paprika, Basilikum und Wacholder.

Ester / Früchtearomen

Früchtearomen bestehen oft aus Estern (Ethylacetat oder Essigäther) und entstehen sowohl bei Vergärung als auch durch Destillation. Ausschlaggebend welche und wie viele nach dem Brand noch in dem Destillat enthalten sind, ist abhängig von der Form und Größe der Brennblase. Diese Gruppe ist sehr vielseitig und besteht aus den Aromen von Zitronen, Erdbeeren, Äpfeln, Birnen, Kompott, Bananen, Aprikosen, kandierten Früchten, Kirschen, Quitten, Ananas, Orangen – aber auch Kaugummi, Lösungsmittel und Nagellack.

Vergärungsaromen

Diese sind Bestandteile des Vor- und insbesondere des Nachlaufs, aber auch im Mittellauf teilweise enthalten. Je später der Hebel vom Mittellauf zum Nachlauf umgelegt wird, umso größer ist der Anteil der kräftigen und öligen Substanzen. Diese zeigen sich in Noten von Terpentin, Lösungsmittel, Nagellack, Tabak, Schuhcreme, Bienenwachs, Rindfleisch und Honig.

Holz- und Lageraromen

Neben der Farbe gibt das Fass mit seinen Toastaromen eine Vielzahl von Aromen in den Whisky ab. Diese erinnern an Toastbrot, Kaffee, Schokolade, Vanille, Karamell, Nelke, Zimt, und Eichengerbstoffe.

Whiskygläser

Das bekannteste Whiskyglas ist der Tumbler mit dickem Boden und einem großen Fassungsvermögen. Dieses Glas ist geeignet für einfache Whiskys wie Blended und Einsteiger-Bourbons. Durch die Größe des Glases ist es möglich, Eis oder auch eine größere Menge Wasser beizugeben.

Für hochwertige Single Malts ist der Tumbler nicht das geeignete Glas. Der Inhalt ist zu groß, als dass der Single Malt das ganze Glas mit seinem Duft und Aroma ausfüllen könnte. Dafür sind Gläser, die in ihrer Form an Sherrygläser erinnern, besser geeignet. Durch dieses, sich nach oben verjüngende, tulpenförmige Glas entsteht eine Art Duftschornstein, durch den die Aromen konzentriert werden. Dieser Duftkanal bietet auch der Nase die optimale Möglichkeit den Duft zu erfassen.

Tastings

Wenn Sie Ihren Whisky nicht allein zuhause genießen möchten, gibt es so genannte Tastings.

Tastings sind Verkostungen. Sie haben oft ein bestimmtes Thema – zum Beispiel eine bestimme Destillerie, eine Region oder Whiskys mit bestimmter Fasslagerung. Solche Verkostungen werden von einigen Firmen und Händlern angeboten. Auch auf vielen Whiskymessen werden von den einzelnen Ausstellern Tastings angeboten.

Eine weitere kostengünstigere Möglichkeit für Sie ist ein Tasting selbst zu organisieren und Freunde und Whiskyliebhaber einzuladen. Ein gelungenes Tasting erfordert im Vorfeld einige Organisation. Sie müssen das Thema auswählen und anschließend die Whiskys aussuchen und kaufen. Weiterhin benötigen Sie mindestens ein geeignetes Glas pro Teilnehmer. Sinnvoll wäre es auch, wenn Sie für jeden eine Pipette zur Verfügung stellen. Zusätzlich sollten Sie Wasser zum Verdünnen und zum Neutralisieren des Geschmackes bereitstellen. Ob das Tasting von einem Imbiss oder Ähnlichem begleitet wird, können Sie individuell festlegen.

Lagerung von verschlossenen und angebrochenen Flaschen

Ist der Whisky erst einmal in Flaschen abgefüllt, findet eine weitere Reifung nicht mehr statt. Durch den hohen Alkoholgehalt ist Whisky konserviert. Für die Lagerung sollte der Verschluss möglichst dicht sein und der Lagerort nicht zu viel Licht, insbesondere keinem UV-Licht ausgesetzt sein. Flaschen mit einem Naturkorkverschluss sollten möglichst stehend gelagert werden, da der hohe Alkoholgehalt den Korken angreift.

Angebrochene Flaschen verlieren stetig Aroma und oxidieren durch den Sauerstoff. Je leerer die Flasche wird, umso mehr Flüssigkeit wird durch Luft und somit durch Sauerstoff ersetzt. Das bedeutet je leerer die Flasche ist, umso schneller sind die Verfallsprozesse. Dies können Sie verhindern, indem Sie den Whisky in kleinere Flaschen umfüllen oder den Sauerstoff in der Flasche durch den Einsatz von Kieselsteinen oder Murmeln verdrängen. Die Kieselsteine und Murmeln sollten Sie aber vorher gründlich abwaschen und im Backofen desinfizieren.

> „Man muss dem Leben immer um mindestens einen Whisky voraus sein."
> Humphrey Bogart

Einkaufsmöglichkeiten – Die Quellen für das „Wasser des Lebens“

Für den Erwerb eines guten Whiskys müssen Sie nicht gleich nach Schottland fahren, auch hier haben Sie verschiedene Möglichkeiten, Ihre Lieblingsspirituose zu kaufen.

Im Folgenden sind alle wichtigen Einkaufsmöglichkeiten aufgelistet.

Lokale Händler

Bedingt durch den Boom öffnen immer mehr Einzelhandelsgeschäfte für Whisky. Diese Einzelhandelsgeschäfte sind nicht einheitlich strukturiert, sondern haben unterschiedliche Geschäftsideen. Sie unterscheiden sich in der Geschäftslage, in der Anzahl und Art der angebotenen Flaschen und dem Preisniveau. Manche bieten auch Zusatzangebote wie Seminare, Tastings und Whiskyreisen an. Die lokalen Geschäfte sind insbesondere für Anfänger eine gute Einkaufsquelle, da es oft Gelegenheit gibt, verschiedene Sorten vor dem Kauf zu probieren. Weiterhin stehen die Verkäufer in den meist inhabergeführten Geschäften für Gespräche oder Beratung zur Verfügung.

Die unterschiedlichen Geschäftsmodelle bedingen stark unterschiedliche Kosten. Dadurch entstehen oft große Unterschiede in der Preisfindung der einzelnen Händler. Einige Händler haben als weiteren Absatzmarkt einen Shop im Internet und sind deshalb preislich den reinen Internetshops sehr nahe oder sogar auf Augenhöhe. Andere haben sehr teure Innenstadtlagen und müssen pro verkaufte Flasche einen höheren Rohertrag erzielen und sind deshalb auf einem höheren preislichen Niveau. Ob die angebotenen zusätzlichen Leistungen den entsprechenden Preisunterschied rechtfertigen, muss jeder für sich selbst beantworten.

Supermärkte

Der Großteil der Supermärkte hat nur eine sehr begrenzte Auswahl an großen Whiskymarken. Kleinere Brennereien oder Abfüllungen von unabhängigen Abfüllern oder Sonderabfüllungen findet man in solchen Märkten nicht. Für Standardwhisky sind Supermärkte eine gute Einkaufsquelle, aber aufgrund des sehr kleinen Angebotes keine Alternative für Flaschen abseits der großen Marken.

INTERNETHÄNDLER

Im Internet findet man sowohl auf den Internethandel spezialisierte Anbieter als auch viele lokale Händler, die zusätzlich zum Ladengeschäft das Internet nutzen.

Ebenso wie bei den lokalen Händlern gibt es bei den Internetanbietern große Strukturunterschiede. Einige haben ein riesiges Angebot, andere haben sich auf besondere Themen, zum Beispiel bestimmte unabhängige Abfüller, eine Destillerie oder auch Raritäten und Sammlerflaschen, spezialisiert.

Das Internet ist für Whiskyliebhaber, die ihren Geschmack und ihre Vorlieben kennen, eine gute Einkaufsgelegenheit. Der Vorteil beim Einkauf im Internet ist der leicht mögliche Preisvergleich

und die teilweise etwas günstigeren Preise. Viele Internethändler informieren ihre Kunden mit so genannten Newslettern per E-Mail über ihre speziellen Angebote.

Whiskyauktionshäuser

Whiskyauktionen sind meist die richtige Einkaufsmöglichkeit für ältere Whiskys, für Raritäten oder spezielle Sonderabfüllungen. Insbesondere Sammler bedienen sich dieser Quelle. Der Vorteil für den Kunden ist eine große Sicherheit vor Fälschungen, da das Auktionshaus die Flaschen vor der Versteigerung begutachtet und auf Echtheit überprüft. Außerdem wird der Zustand der Flaschen und Etiketten dokumentiert. Für Sammler sind die Vollständigkeit – mit Karton oder Tube – und die Unversehrtheit der Etiketten wichtig. Wer die Flaschen nicht zum Sammeln, sondern für den Genuss ersteigert, kann bei Flaschen mit beschädigten Etiketten manchmal Schnäppchen ergattern.

Der durch das Auktionshaus erbrachte Service muss natürlich finanziert werden. Dafür verlangt das Auktionshaus Auktionsgebühren. Bei manchen Auktionen müssen sowohl der Käufer als auch der Verkäufer diese Gebühren bezahlen.

Man kann bei den Versteigerungen nicht nur Whisky erwerben, sondern im Bedarf auch Flaschen zum Verkauf einstellen. Die gesamte

Arbeit für den Verkauf übernimmt dann das Auktionshaus.

Das bekannteste deutsche Auktionshaus für Whisky bietet regelmäßig im Internet unter der Adresse http://www.whiskyauction.com/auction/d.html umfangreiche Versteigerungen an.

Whiskymessen

Whiskymessen bieten eine hervorragende Möglichkeit, sich über Neuigkeiten zu informieren und sich mit anderen über das Lieblingsthema Whisky auszutauschen.

Die Möglichkeit der vorherigen Verkostung ist ein großer Vorteil beim Einkauf auf Whiskymessen. Insbesondere bei teuren Flaschen ist es sinnvoll, diese vor dem Erwerb zu probieren, um keine Enttäuschung zu erleben.

Zu den Whiskymessen aber später noch mehr.

Internetauktionen

In den letzten Jahren ist das Angebot an Whisky in den bekannten Internetauktionshäusern stark angestiegen. Es ist aber parallel die Möglichkeit gesunken, Schnäppchen zu ergattern, da ein Großteil der angebotenen Auktionen inzwischen von Händlern eingestellt wird. Da Händler darauf angewiesen sind, Gewinn zu erzielen, entsprechen die Endpreise solcher Auktionen oft dem Marktpreis.

Manchmal stellen sich die vermeintlichen Schnäppchen als große Enttäuschung dar. Man sollte die Beschreibungen sehr genau studieren, denn manchmal werden zum Beispiel nur die Originalkartons ohne Inhalt, kleine Flaschen oder sogar nur Samples angeboten. Ein gesundes Misstrauen ist bei der Teilnahme an diesen Auktionen angebracht. Vor dem Bieten ist es ratsam, die Bewertungen des Anbieters zu überprüfen und bei Zweifeln besser vom Gebot Abstand zu nehmen. Falls der Anbieter in der Nähe wohnt, kann man bei Selbstabholung die Flaschen vor der Bezahlung prüfen. Da bei den Auktionen meist Vorkasse vereinbart ist, liegt das größere Risiko eindeutig beim Käufer.

Außerdem sollte man darauf achten, dass man seine Emotionen im Griff hat und sich nicht in der allgemeinen Euphorie hinreißen lässt, mehr zu bieten, als man ursprünglich geplant hatte.

„Es gibt kein Problem, das sich nicht mit einem doppelten Scotch lösen ließe."
Ernest Hemingway

Direkt bei der Destillerie

Viele Brennereien haben in den letzten Jahren ihre Pforten für Besucher geöffnet und ein Besucherzentrum eingerichtet. Am Schluss der Besichtigung gibt es meist die Möglichkeit einen oder mehrere Drams zu verkosten. Zusätzlich gibt es oft die Gelegenheit, Whisky direkt im Anschluss an die Besichtigung zu kaufen. Extra für diese Gelegenheit bieten manche Brennereien Sonderabfüllungen, die man nur direkt bei der Brennerei erwerben kann. Da diese nicht anderweitig im Handel erhältlich sind, ist dies natürlich für die Besucher besonders interessant. Bei einigen Destillierien gibt es sogar die Möglichkeit, die gekaufte Flasche selbst aus einem Fass abzufüllen. Für viele ein einmaliges Ereignis, insbesondere für Sammler der Brennerei.

Kleiner Exkurs: Whisky als Sammelobjekt oder Wertanlage

Viele Liebhaber erwerben nach und nach mehr Whisky, als sie trinken können. Damit ist der Grundstein einer Sammlung gelegt.

Viele Sammlungen haben ein bestimmtes Thema. Dies können eine bestimmte Destillerie, eine bestimmte Region oder ein bestimmter Jahrgang, aber auch Flaschen eines unabhängigen Abfüllers sein. Der Wiederbeschaffungswert einer solchen Sammlung kann schnell steigen, dann ist es ratsam zu prüfen, welche Vorkehrungen getroffen werden müssen, damit die Hausratversicherung einen eventuellen Schaden übernimmt.

In letzter Zeit empfehlen sogar einige Wirtschaftszeitungen, Whisky als Wertanlage zu berücksichtigen. Da niemand in die Zukunft sehen kann, ist und bleibt eine solche Geldangelegenheit Spekulation. Beispiele für eine erfolgreiche Wertanlage in der Vergangenheit zu finden, ist leicht möglich, ob aber der Trend der steigenden Nachfrage und der höheren Preise anhält, ist ungewiss.

Zu beachten ist, dass die Realisierung etwaiger Gewinne ebenfalls Kosten durch den Verkauf über Auktionshäuser oder Internetauktionshäuser verursacht und diese den Gewinn dann schmälern. Wie bei allen Geldanlagen sollte man nur spekulieren, wenn man sich in dem Marktsegment auskennt und bereit ist, die möglichen Risiken zu tragen.

Hier dreht sich alles um Whisky

Whiskymessen

In den letzten zwei bis drei Jahren ist die Anzahl der Whiskymessen stark gestiegen. In vielen Regionen Deutschlands werden Whiskymessen angeboten. Die Messen unterscheiden sich anhand der Besucher- und Ausstellerzahlen enorm. Es gibt kleine, sehr familiäre Messen mit regionalen Ausstellern und im Gegensatz dazu überregionale Messen, auf denen – wie auf der Interwhisky in Frankfurt – die großen Whiskyfirmen ausstellen.

Die wichtigsten drei Messen werden im Folgenden vorgestellt.

Whiskyfair Limburg

In Limburg findet jedes Jahr im April / Mai die bedeutendste Whiskymesse in Deutschland statt. Es ist für die Besucher unmöglich, an den zwei Messetagen alle Aussteller zu besuchen und die mehrere tausend unterschiedlichen Whiskys auch nur im Überblick zu erfassen, geschweige denn alle zu probieren. Obwohl die Räumlichkeiten in den letzten Jahren erweitert wurden, ist der Besucherandrang sehr groß und es kann zu erheblichen Wartezeiten an den besonders begehrten

Ständen kommen. Dennoch ist diese Messe ein Muss für jeden Whiskyliebhaber und eine gute Gelegenheit, Kontakte zu anderen Menschen, die das gleiche Hobby teilen, zu knüpfen.

Die Whiskyfair veröffentlicht die neuen Infos über Aussteller, Messedatum und spezielle Tastings auf ihrer Homepage unter http://www.whiskyfair.de.

Interwhisky Frankfurt

Ende November findet in einem Frankfurter Hotel die Interwhisky statt. Während in Limburg vor allem Liebhaber angesprochen werden ist die Interwhisky die Branchenmesse auf der vor allem die Brennereien selbst und die großen Importeure ausstellen. Die Messe ist aber auch geöffnet für Whiskyliebhaber und wird von diesen aufgrund der zentralen Lage auch genutzt. Sehr schnell ausgebucht sind die vielfältigen Tastings, die parallel in unterschiedlichen Räumen abgehalten werden. Besonders begehrt sind die Tastings mit extra aus Schottland angereisten Vertretern der Destillerien.

Munich Spirits München

Bei dieser Messe spielt der Whisky zwar die Hauptrolle, es ist aber keine reine Whiskymesse, sondern es geht um das Thema Spirituosen insgesamt.

Weitere empfehlenswerte Whiskymessen in Deutschland

- Aquavitae in der Zeche Zollverein Essen – http://www.obstbrand.eu
- Whisky Festival in Dresden-Radebeul – http://www.whisky-festival.com
- Cöpenicker Whisky-Herbst in Berlin – http://www.whisky-herbst.de
- Hanse Spirit in Hamburg (Premiere April 2011) – http://www.hanse-spirit.com
- Whiskymesse Rüsselsheim – http://whiskymesse-ruesselsheim.de
- Whisky'n'More in Bochum – http://whiskynmore.de

Einen Überblick über die Whiskymessen mit den jeweiligen Terminen bietet im Internet die Seite die http://whiskymessen.de.

Whiskyclubs / Stammtische

Mit den Jahren wurden durch stark anwachsendes Interesse immer mehr Whiskyclubs und

Stammtische gegründet. Während manche Clubs vollständig mit Satzung und Clubbeitrag organisiert sind, gibt es andere eher lose Treffen von Whiskyliebhabern.

Informationen über einen Club oder Stammtisch in der eigenen Region findet man sehr gut im Internet. Die meisten Vereinigungen haben eine eigene Internetpräsenz oder tauschen Informationen und Termine über Facebook aus. Die meist regelmäßigen Treffen sind eine gute Möglichkeit, Informationen auszutauschen, neue Whiskys zu verkosten oder mit Gleichgesinnten über das gemeinsame Hobby fachzusimpeln.

„Die junge Generation hat auch heute Respekt vor dem Alter, allerdings nur noch beim Wein, beim Whisky und bei Möbeln."
Truman Capote

INTERNETFOREN

Foren im Internet sind eine virtuelle Diskussionsplattform zum Meinungs- und Informationsaustausch. Es gibt mehrere deutschsprachige Foren, die sich mit dem Thema Whisky befassen. Aus diesen virtuellen Kontakten haben sich schon für so manchen viele reale Bekanntschaften und Freundschaften ergeben.

Die aktivste Plattform ist das Cutty Sark Scots Whisky Forum: http://www.scotswhisky-community.de/forum/.

Gigantisch ist das Angebot an Flaschenteilungen, bei denen ein User anderen Forenmitgliedern anbietet, eine Flasche mit ihm zu teilen. Dafür werden so genannte Samples in kleine Flaschen umgefüllt und an die Teilnehmer verschickt. Im Angebot für Flaschenteilungen sind außer Neuerscheinungen sowohl Standard- und Sonderabfüllungen, als auch seltene Flaschen. Dabei handeln die meisten ohne Gewinnabsicht und geben nur ihre Kosten für Whisky, Verpackung und Porto weiter.

Viele User haben auch eine Liste ihrer geöffneten Flaschen im Netz, von denen sie ebenfalls Samples verschicken. Flaschenteilung und Sample-Bestellungen sind für Einsteiger die Möglichkeit, mit relativ geringen Kosten viele verschiedene Whiskys zu probieren. Genauso können Fortgeschrittene hochwertige Abfüllungen probieren, ohne gleich eine ganze Flasche kaufen zu müssen.

Ein weiteres deutschsprachiges Forum, das in letzter Zeit aber immer weniger Beachtung gefunden hat, ist unter der Internetadresse http://whiskymania.de/forum zu finden.

Infoseiten

Im Internet gibt es die unterschiedlichsten Informationen über Whisky. Hier ist nur eine Auswahl zu nennen:

- Markus Mattonet sammelt Whisky der Destillerie Mortlach. Auf seiner Internetseite www.mortlach.de hat er viele Informationen über Mortlach, Fotos und Degustationsnotizen von vielen Abfüllungen zusammengetragen.

- Viele Informationen und Degustationsnotizen veröffentlicht Oliver Klimek auf seiner Seite www.dramming.com.
- Jörg Bechtold veröffentlicht in seinem Blog unter http://www.whiskyfanblog.de Neuigkeiten aus der Whiskywelt.
- Auch wenn Jens Steinert nur noch Arran Whiskys, die vor dem 31.12.2010 gefüllt wurden, sammelt, hat er doch eine große Menge an Informationen über diese Brennerei unter http://www.arrancollector.de ins Netz gestellt.
- Eine unfassbare Menge an Informationen über Aberlour ist unter http://www.aberlour-collection.de zusammengetragen. Für Sammler ist die Ansammlung von Informationen über die einzelnen Abfüllungen mit vielen Fotos von unschätzbarem Wert.

Zeitschriften

Das Angebot an deutschsprachigen Whisky-Journalen ist sehr übersichtlich. Die Zeitschrift *Der Whisky-Botschafter* erscheint viermal im Jahr im Hochglanzformat und beschäftigt sich mit allen Aspekten rund um den Whisky. Erhältlich ist der *Whisky-Botschafter* im Abonnement oder im gut sortierten Zeitschriftenhandel.

Ein anderes Konzept verfolgt die Zeitschrift *Armond Dishers Whisky News*, die zweimonatlich erscheint. Dieses kleine Magazin beschäftigt sich nicht nur mit schottischen Whiskys, sondern auch mit indischen, australischen, neuseeländischen, finnischen, französischen, belgischen, österreichischen, schweizer und natürlich auch deutschen Whiskys und Destillerien. Das kleine Magazin erscheint im Eigenverlag und ist nur bei Whiskyhändlern erhältlich. Infos und die Bezugsquellen findet man im Internet unter http://www.adwn.de.

Alles auf einen Blick – das Whisky-Glossar

Angels Share	Der bei der Lagerung verdunstende Anteil wird als Angels Share, also als der Anteil der Engel, bezeichnet
Bourbon	amerikanischer Whisky aus mindestens 51 bis maximal 80 Prozent Mais
Butt	Ex-Sherryfass mit circa 500 Litern
Cask Strength	Whisky, der ohne Verdünnung in Fassstärke abgefüllt wird
Beer	alkoholische Lösung nach der Vergärung. Wird in Schottland wash genannt
Darren	Trocknung des Grünmalz
Dram	schottischer Ausdruck für einen Schluck Whisky
Feints	Nachlauf
Finish	Am Ende der Reifung wird der Whisky in ein anderes Fass umgefüllt und wenige Monate in diesem gelagert, um den Whisky mit zusätzlichen Aromen des zusätzlichen Fasses anzureichern und die Komplexität zu erhöhen.

Grist	das grob gemahlene Malz
Heart of the run	Synonym für middle cut
Legs	englisch für Beine. Gemeint ist der Rückfluss beim Schwenken des Glases
Hogshead	Fasstyp aus Exbourbonfass mit ungefähr 250 Liter Inhalt
Kiln	Trocken- oder Darrboden für das Malz
Kühlfiltrierung	Verfahren zum Filtern von Fett aus dem Whisky
Lead Malt	der führende Malt Whisky im Blendverschnitt
Malt	Whisky aus gemälzter Gerste (Malzwhisky)
Malting floor	Malzboden
Mash	Maische
Mash tun	Maischbottich
Middle cut	Herzstück der Destillation, auch als Mittellauf bezeichnet
New spirit	junges Destillat, das sich noch nicht Whisky nennen darf
Nosing	geruchliche Beurteilung des Whiskys
Originalabfüllung	Abfüllung durch die Destillerie selbst im Gegensatz zu

	einer Abfüllung durch unabhängige Abfüller
Quarter Cask	kleine Fässer mit ungefähr 50 Liter Inhalt
Part of the angels	siehe angels share
Peat	englisch für Torf
Pot still	traditionelle Brennblase
ppm	parts per million; Maßeinheit für Phenol, das für den Rauchgeschmack verantwortlich ist
Single Cask	Einzelfassabfüllung
Single Malt	100 Prozent Malzwhisky aus nur einer Brennerei
Spirit still	Feinbrandblase
Sour mash	Verfahren, das in Amerika eingesetzt wird. Bei der Anwendung dieses Verfahrens werden die Rückstände der Destillation der neuen Maische hinzugefügt. Dadurch wird das Milieu der Maische sauer.
Tasting	Verkostung
Tube	röhrenförmige Verpackung für Flaschen
Tumbler	Whiskyglas mit dickem Boden und großem Fassungsvermö-

	gen. Geeignet für einfache Whiskys, eventuell mit Eis
Unabhängige Abfüller	Abfüllungen durch andere als die Destillerie, oft wird dabei auch der Brennereiname genannt
Wash	alkoholische Lösung nach der Vergärung. Wird in Amerika beer genannt
Wash back	Gärbottich
Wort	Zuckerlösung nach der Maischung
Zuckerkulör	erlaubter Farbstoff zum Färben von Whisky

„Whisky macht schlafen, wer schläft, sündigt nicht, also trinkt, dann kommt ihr in den Himmel.“
Sprichwort